EINMACHEN

Süße & würzige Rezepte

Sara Lewis

UMSCHAU

Hinweise

Die Zeitangaben beinhalten nicht die benötigte Zeit für die Sterilisierung der Gläser und Flaschen.

Die in diesem Buch verwendeten Löffelmaße beziehen sich auf gestrichene Standardlöffel:
1 Esslöffel (EL) = 15 ml
1 Teelöffel (TL) = 5 ml

Einige Gerichte enthalten nur leicht gegarte Eier. Schwangere und stillende Frauen, Säuglinge, Kinder und ältere Menschen sollten diese Gerichte meiden. Die Zubereitungen mit leicht gegarten Eiern sollten gut gekühlt und rasch verzehrt werden.

Einige Rezepte in diesem Buch enthalten Nüsse. Menschen, die allergisch auf Nüsse und verwandte Lebensmittel reagieren, oder solche, die Gefahr laufen eine Allergie zu entwickeln, wie ältere Menschen, Säuglinge, Kleinkinder, Schwangere und stillende Frauen, sollten auf Nüsse und Nussöle verzichten. Außerdem empfehlen wir, die Packungsangaben von vorgefertigten Zutaten sorgfältig zu lesen, weil hier möglicherweise Nüsse oder Spuren von Nüssen enthalten sein können.

Backöfen sollten stets auf die angegebene Temperatur vorgeheizt werden. Bei Heißluftöfen bitte die Herstellerangaben zur Anpassung der Temperatur berücksichtigen. Auch Grills sollten vorgeheizt werden.

Die Ratschläge in diesem Buch sind von den Autoren und dem Verlag sorgfältig erwogen und geprüft, dennoch kann eine Garantie nicht übernommen werden. Eine Haftung der Autoren und des Verlages für Personen-, Sach- und Vermögensschäden ist ausgeschlossen.

First published in Great Britain in 2005 by Hamlyn,
a division of Octopus Publishing Group Ltd
2–4 Heron Quays, London E14 4JP

Titel der Originalausgabe: *Preserve*

Übersetzung
Martina Höppner, Palmerston North (Neuseeland)

Satz
Tischewski & Tischewski, Marburg

Printed in China

ISBN 978-3-86528-644-4

Besuchen Sie uns im Internet
www.umschau-buchverlag.de

Inhalt

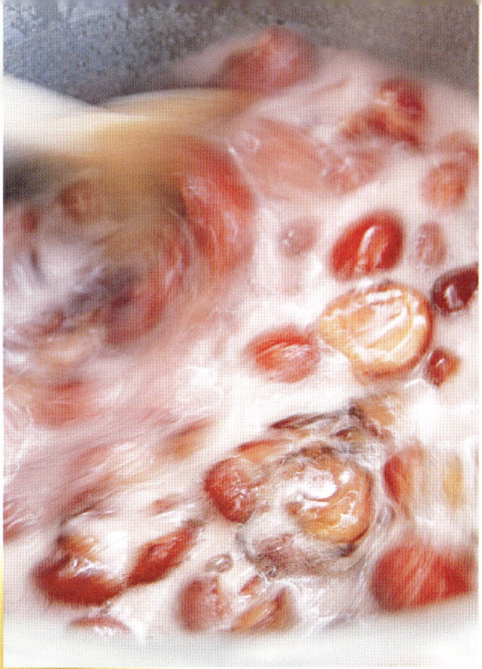

Einleitung *Es gibt fast nichts Besseres als ein Löffel hausgemachter Konfitüre auf einer dicken Scheibe frischem Brot. Seine eigenen Fruchtaufstriche herzustellen weckt Erinnerungen an vergangene Zeiten. Sich die Zeit zu nehmen, fruchtige Konfitüre, exotische Gelees oder würzige Chutneys selbst einzukochen, kann aber auch heute eine willkommene Abwechslung in unserem stressigen Leben sein. Die Ergebnisse eignen sich gut als Geschenke, denn wer kann schon einem Glas Lime-Curd mit Passionsfrüchten, eingemachten Feigen mit Vanille oder einer Flasche Schlehengin widerstehen? Sollten Sie bis jetzt noch keine Erfahrungen im Einmachen haben, sind die leicht nachzuvollziehenden Rezepte und hilfreichen Bilder dieses Buches ideal. Aber auch erfahrene Köche finden hier neue Geschmackskombinationen und ungewöhnliche Variationen bekannter Lieblingsrezepte.*

Grundausstattung

Töpfe Zum Einmachen benutzt man die größten Töpfe, die man üblicherweise zur Hand hat. Für Konfitüre sollten sie mindestens 25 cm im Durchmesser und 11 cm tief sein. Der große Durchmesser ist wichtig für die Verdunstung und lässt der Konfitüre genug Platz zum Kochen ohne überzukochen. Der Topf sollte nie mehr als halbvoll sein. Idealerweise besitzt der Topf einen Henkel, der in aufrechter Position sicher befestigt und während des Kochens zur Seite geklappt werden kann und einen seitlichen Griff, der das Kippen des Topfes erlaubt.

Einkochtöpfe gibt es aus Aluminium, Edelstahl, Emaille und Kupfer. Je dicker der Boden, desto geringer die Wahrscheinlichkeit, dass die Konfitüre anbrennt. Kupfertöpfe sind schnell heiß, wenn sie nicht mit Aluminium ausgekleidet sind, kann man sie aber nicht für Chutney verwenden, da der Essig mit dem Metall reagiert. Ein Deckel ist sinnvoll, man kann aber auch mit einer Lage Backpapier oder Alufolie improvisieren.

Um Früchte oder Sirup einzukochen ist die Tiefe des Topfes wichtig. Spezielle Einkochtöpfe oder tiefe Suppentöpfe sind ideal. Zwischen den Gläsern oder Flaschen sollte genügend Platz sein, damit die Hitze sich ausbreiten kann. Der Topf sollte tief genug sein, um die Behälter mit Wasser bedecken oder bis zum Hals ins Wasser stellen zu können. Um den Boden der Gläser vor direkter Hitze zu schützen, sollte ein Kuchengitter in den Topf gestellt werden. Dies stellt sicher, dass die Hitze sich gleichmäßig verteilt.

Zuckerthermometer Bei Konfitüre und Gelee kann es manchmal schwierig sein, den richtigen Gelierzeitpunkt zu bestimmen. Ein kurzer Blick auf das Zuckerthermometer erleichtert die Arbeit und sichert optimale Ergebnisse. Zum Einkochen von Früchten und beim Sirupkochen ist das Thermometer essenziell, da man keine sichtbaren Zeichen dafür hat, dass der Kochprozess abgeschlossen ist.

Bevor man das Thermometer benutzt, sollte man es überprüfen, indem man es in kaltes Wasser stellt und dieses langsam zum Kochen bringt. Wenn das Wasser 2 Min. gekocht hat, sollte das Thermometer 100 °C anzeigen. Das Thermometer darf nicht plötzlich in kochende Flüssigkeiten gesteckt werden. Wenn man vorsichtig damit umgeht, hält es jedoch ein Leben lang.

Safttuch Da Gelee oft aus ungeschälten, nicht entkernten Früchten gemacht wird, ist es wichtig, den Saft durch ein feines Sieb oder Tuch abzuseihen. Je enger die Maschen, desto klarer wird der Saft. Traditionell sind Safttücher aus weißer Baumwolle oder Filz gefertigt, moderne Tücher sind meist aus feinem Nylongewebe hergestellt. Beide funktionieren gleich gut. Zunächst befestigt man das Tuch in dem dafür vorgesehenen Rahmen oder hängt es an einen umgedrehten Hocker. Direkt unter dem Tuch wird eine Schüssel platziert, die mit kochendem Wasser ausgespült wurde. Das Tuch wird nun mit den gekochten Früchten und der Kochflüssigkeit gefüllt. Etwa 3–4 Std. oder über Nacht stehen lassen, sodass der Saft in die Schüssel ablaufen kann und die Fasern im Tuch hängen bleiben. Die Reste sollten nicht gepresst werden, da der Saft sonst trüb wird.

Das Tuch sollte nach dem Benutzen mit kochendem Wasser – ohne Wasch- oder Spülmittel – ausgewaschen und vor dem Wegpacken gut getrocknet werden. Wenn man nur gelegentlich Obst einmacht, kann man improvisieren, indem man ein großes Nylonsieb mit einem feinen Küchenhandtuch aus Baumwolle oder einer doppelten Lage Musselin auslegt.

Löffel Zu Beginn der Kochzeit sollte ein Holzlöffel mit langem Stiel zum Umrühren benutzt werden. Ideal ist ein Löffel mit Haken am Ende, den man an der Seite des Topfes befestigen kann, sodass er nicht hineinrutscht.

Gegen Ende der Kochzeit entfernt man den Schaum an der Oberfläche mit einem flachen Schaumlöffel aus Edelstahl. Während der Kochzeit sollte man nicht entschäumen, da man sonst zu viel des Endproduktes verschwendet.

Trichter Trichter verhindern, dass man die Seiten der Gläser verkleckert und sich beim Einfüllen von Konfitüre, Chutney oder Gelee die Finger verbrennt. Spezielle Marmeladentrichter sind aus Metall hergestellt, um die hohen Temperaturen auszuhalten. Sie haben meist einen Durchmesser von 12–15 cm an der Oberseite und 4–5 cm am schmalen Ende.

Um Flaschen mit Sirup oder Likör zu füllen ist ein schmaler Plastiktrichter ideal. Bei der Likörherstellung sollte das schmale Ende einen Durchmesser von 1,5 cm haben, damit auch der Zucker durch den Trichter eingefüllt werden kann.

Schraubgläser, Flaschen und Deckel

Recyceln Sie alte Schraubgläser für Marmelade, Chutney und Gelee. Essig- oder Ölflaschen aus Glas können für Sirup aufbewahrt werden. Flaschen mit breitem Hals und Schraubverschluss sind für Liköre gut geeignet. Zum Einkochen von Obst braucht man spezielle Gläser mit Gummidichtung und Schraub- oder Bügelverschluss. In Kaufhäusern gibt es meist eine große Auswahl an verschiedenen Größen. Ältere Gläser sollten gut kontrolliert werden. Wenn an der Innenseite des Verschlusses Metall freiliegt, verdirbt das den Geschmack Ihrer Kreationen.

Gläser mit Sprüngen sollten ebenfalls aussortiert werden, besonders wenn man heiße Flüssigkeiten einfüllt. Gummiringe werden für 10–15 Min. in warmem Wasser eingeweicht, dann passen sie besser auf die Gläser. Wenn Sie keine Deckel für die Gläser haben, decken Sie sie mit Zellophan ab und sichern sie mit einem Gummiband.

Gläser sterilisieren

Hygiene ist sehr wichtig beim Einkochen und besonders, wenn man das fertige Produkt in Gläser füllt. Gläser und Flaschen müssen gut

gewaschen, mit heißem Wasser ausgespült und getrocknet sein. Dann werden sie im heißen Ofen für 10 Min. sterilisiert. Wo es das Rezept angibt, werden sie noch heiß oder warm verwendet. Alternativ können die Gläser auch in der Spülmaschine sterilisiert und wo angegeben heiß gefüllt werden. Sie sollten vor dem Füllen jedoch trocken sein. Auch Trichter und Schraubverschlüsse sollten immer sterilisiert werden. Die in den Rezepten angegebenen Vorbereitungszeiten beinhalten nicht das Sterilisieren.

Gläser verschließen

Das richtige Verschließen der gefüllten Gläser ist besonders wichtig. Auf Konfitüre, Gelee, Marmelade und Chutney sollte man eine Scheibe Wachspapier (oft mit Zellophan und Aufklebern zusammen in Kaufhäusern erhältlich) mit der gewachsten Seite nach unten legen, solange die Oberfläche noch sehr heiß ist. Das Zellophan darüber legen und mit einem Gummiband befestigen oder einen sterilisierten Deckel darauf schrauben und abkühlen lassen. Beim Abkühlen zerstört die Hitze Bakterien und Pilzsporen in der Luft zwischen Deckel und Wachspapier. Chutneys, die auch ein Wachspapier benötigen, und sauer eingelegtes Gemüse brauchen einen guten luftdichten Deckel, der mit Plastik überzogen ist. Er soll nicht nur Bakterien ausschließen, sondern auch verhindern, dass der Essig verdunstet. Beschriften Sie jedes Glas und fügen Sie das Herstellungsdatum hinzu. Wenn das Eingemachte eine Weile ruhen muss, bevor man es verschließt, ist es am besten, das Wachspapier darauf zu legen und alles abkühlen zu lassen, bevor man den Deckel zuschraubt.

Lagerung

Eingemachtes hält sich am besten an einem kühlen, dunklen Ort ohne direktes Sonnenlicht. Küchenschränke, die nicht in der Nähe des Ofens oder eines Fensters liegen, oder Schränke unter der Treppe eignen sich besonders gut. Wird Konfitüre zu warm gelagert, schrumpft sie, bei zu heller Lagerung verblassen die Farben, und Feuchtigkeit fördert Schimmelbildung. Die Lagerungszeit ist bei den einzelnen Rezepten aufgeführt. Nach dem Öffnen sollte Eingemachtes im Kühlschrank gelagert werden.

Erfolgsrezept für perfekte Fruchtaufstriche

Auswahl der Früchte

Für optimalen Pektingehalt (s. unten) sollten alle Früchte fest und gerade reif oder leicht unreif sein. Entfernen Sie alle matschigen Stellen und wiegen Sie das Obst. Je nach Obstsorte waschen und trocken tupfen oder mit einem feuchten Tuch säubern.

Welcher Zucker ist am besten?

Zucker ist wichtig für das Gelieren der Aufstriche und sollte zwischen 55–70 % der Gesamtmenge ausmachen. Würfelzucker, Einmachzucker oder weißer Streuzucker sind am besten geeignet, da sie sich zu einer farblosen Flüssigkeit auflösen und die Farbe der Früchte nicht beeinflussen. Einmachzucker löst sich schneller und produziert weniger Schaum, ist aber teurer. Brauner Zucker passt gut in Marmeladen, die einen dunkleren, kräftigen Geschmack haben sollen. Wenn kein bestimmter Zucker im Rezept angegeben ist, verwenden Sie Würfel-, Einmach- oder Streuzucker.

Was ist Pektin?

Pektin ist eine natürliche gummiartige Substanz, die in unterschiedlichen Mengen in den Samen, Kerngehäusen und der Haut von Früchten vorkommt. Wenn Früchte zerdrückt und erwärmt werden, wird das Pektin herausgelöst und geliert mit der Fruchtsäure. Früchte mit wenig Pektin werden oft mit pektinreichen Früchten vermischt, z. B. Erdbeeren mit roten Johannisbeeren oder Rhabarber mit Äpfeln. Erdbeeren werden oft mit frisch gepresstem Zitronensaft vermischt, pro Kilo Frucht verwendet man etwa 2 EL Saft. Zitronensäure aus dem Supermarkt oder der Apotheke kann ebenfalls verwendet werden. Hier genügt 1 TL pro Kilo Frucht. Pektin in Pulverform oder Gelierzucker mit zugesetztem Pektin und Zitronensäure können ebenfalls verwendet werden und verringern die Zubereitungszeit erheblich.

Pektingehalt

Hoher Gehalt Kochäpfel, Holzäpfel, Preiselbeeren, Johannisbeeren, Zwetschgen, unreife Stachelbeeren, Trauben, Grapefruits, japanische Zierquitten, Zitronen, Limetten, Orangen, feste saure Pflaumen, Quitten, Eberesche.
Mittlerer Gehalt Aprikosen, frühe Brombeeren, Reineclauden, Loganbeeren, Sauer- und Herzogskirschen, Maulbeeren, reife Pflaumen, unreife Himbeeren, Dessertäpfel.
Niedriger Gehalt Süßkirschen, Holunderbeeren, Mispeln, Melonen, Pfirsiche, Birnen, Ananas, Rhabarber, Erdbeeren.

Kochzeiten

Alle Früchte müssen gekocht werden, bevor der Zucker hinzugefügt wird. Die Kochzeit hängt von der Obstsorte ab – von 10–15 Min.

für weiche Beeren bis 45–60 Min. für Kochäpfel und Zitrusfrüchte. Die benötigte Wassermenge variiert ebenso. Je länger die Kochzeit, desto mehr wird benötigt. Mit Gelierzucker reduziert sich die Kochzeit zum Teil erheblich.

Zucker hinzufügen

Damit er sich schneller auflöst, sollte Zucker angewärmt werden, bevor man ihn in die heiße Flüssigkeit gibt. Kalter Zucker lässt die Temperatur der Konfitüre sinken und bis sie wieder heiß ist, gerät man in Gefahr sie zu lange zu kochen. Zum Anwärmen den Zucker in einer Auflaufform für 10 Min. in den auf 160–180 °C (Gas Stufe 3–4) vorgewärmten Ofen stellen.

Gelierprobe

Wenn der Zucker hinzugefügt wurde und sich aufgelöst hat, geliert die Konfitüre nach 10–20 Min. sprudelnden Kochens. Kocht man sie länger, wird sie zu dunkel. Es gibt verschiedene Methoden der Gelierprobe:

Kochlöffelprobe Nach 10–15 Min. die Konfitüre mit einem Holzlöffel umrühren, dann den Löffel in der Hand drehen, bis er etwas abgekühlt ist. Nun die Konfitüre in den Topf zurücktropfen lassen. Ist sie fertig, geliert sie teilweise am Löffel, die Tropfen laufen zusammen und formen Platten, die sich sauber vom Löffel lösen. Wenn die Konfitüre vom Löffel fließt, ist sie noch nicht fertig.

Untertassenprobe Nach 10–15 Min. die Hitze verringern und etwas Konfitüre auf eine kleine Untertasse löffeln. Für 2–3 Min. in den Kühlschrank stellen und mit dem Finger prüfen, ob er einen Abdruck hinterlässt und die Konfitüre geliert ist. Wenn nicht, die Hitze wieder erhöhen und jeweils nach 5 Min. eine erneute Gelierprobe durchführen.

Mit einem Thermometer

Zu Beginn der Kochzeit ein Thermometer am Topf befestigen, sodass sich Konfitüre und Thermometer gemeinsam erwärmen. Da die Konfitüre in der Mitte des Topfes heißer ist als am Rand sollte man gut umrühren, bevor man das Thermometer überprüft. Konfitüre geliert bei 105 °C.

Ertrag

Als Faustregel erhält man etwa $1^1/_2$–2 Mal so viel Konfitüre, wie man Zucker verwendet hat.

Was ist was?

Chutneys sind eine Mischung aus Pickle und Konfitüre und haben einen süßsauren Geschmack. Wie Konfitüre müssen sie gekocht werden, aber alle Zutaten werden auf einmal in den Topf gegeben und gekocht, bis die Mischung sehr dick ist. Chutneys passen zu Käse, kaltem Fleisch und gegrillten Würstchen.
Curds beinhalten Butter und Eier und werden über einem Wasserbad gekocht. Sie müssen im Kühlschrank aufbewahrt und innerhalb eines Monats verbraucht werden.
Fruchtbutter wird aus Fruchtpüree und Zucker gekocht, bis die Konsistenz etwas weicher als Konfitüre ist. Auf Brot, Muffins oder Gebäck servieren.
Fruchtkäse wird wie Fruchtbutter hergestellt, aber sehr dick eingekocht. In Stücke geschnitten serviert man sie zu Käse.
Gelees sind klare Fruchtaufstriche, für die gewürfelte Früchte mit Kernen, Kerngehäuse und Schalen mit genügend Wasser, um sie zu bedecken, gekocht werden. Der klare Saft wird abgeseiht und mit Zucker bis zum Gelieren eingekocht. Passt zu Brot oder Toast. Eberesche, Quitte und Preiselbeere sind traditionelle Gelees.
Kandierte Früchte sind Früchte, die 10–14 Tage in Zuckersirup eingelegt und dann getrocknet werden. Je nach gewünschtem Aussehen werden sie in Kristallzucker gewendet oder für Glanz in dicken Zuckersirup getaucht. Sie werden meist mit Petits Fours serviert.
Konfitüre wird aus ganzen und zerdrückten Früchten hergestellt und ist etwas weicher als Gelee. Sie wird auf Brot oder Toast serviert oder Fruchtdesserts hinzugefügt.
Marmeladen sind entgegen der umgangssprachlichen Verwendung nur Konfitüren aus Zitrusfrüchten. Die Schalen der Früchte werden mit dem Saft gemischt oder ganze Früchte gekocht und dann in feine Streifen geschnitten. Zitrusmarmelade passt zum Frühstück auf Toast.
Mincemeat ist eine englische Spezialität aus gehackten, getrockneten Früchten und geriebenen oder gekochten Äpfeln, die mit Zucker, Alkohol und Gewürzen verfeinert wird. Es wird besonders um die Weihnachtszeit als Kuchenfüllung verwendet.
Pickles sind in Essig sauer eingelegtes, oft gesüßtes Gemüse oder Obst. Meist wird das Gemüse roh eingelegt, nachdem es in Salz gezogen hat. Pickles passen gut zu Wurst, Käse und Salaten.
Relishes kommen aus Indien und können roh oder gekocht sein. Sie sind würziger als Chutneys. Man serviert sie zu Currys, kaltem Fleisch oder Gegrilltem.

Einkochen

Durch Einkochen kann man Sommerfrüchte einfach fürs ganze Jahr haltbar machen, aber Zeit und Temperatur müssen genau überprüft werden. Es gibt vier Methoden: im Ofen, im Dampfkochtopf, im langsamen und im schnellen Wasserbad – am beliebtesten sind das langsame Wasserbad und der Ofen. Wie süß der Sirup sein soll, hängt von der Obstsorte und Ihrem Geschmack ab. Pfirsiche werden in schwerem Sirup am besten, Pflaumen eher in leichtem oder mittlerem. Am schönsten sieht das Obst in leichtem Sirup aus, für Geschenke ist er also am besten geeignet.

Leichter Sirup	125 g Zucker 600 ml Wasser
Mittlerer Sirup	250–300 g Zucker 600 ml Wasser
Schwerer Sirup	375–500 g Zucker 600 ml Wasser

Für den Sirup Zucker und Wasser unter Rühren erhitzen, bis der Zucker sich vollständig aufgelöst hat. Sollte er milchig aussehen, durch ein feines Tuch abseihen.

Langsames Wasserbad

1 Kalten Sirup über kalte Früchte in sterilisierte Gläser füllen. Beim Verschließen ist es wichtig, dass noch Luft entweichen kann, sonst könnten die Gläser explodieren – bei Gläsern mit Bügelverschluss ist das nicht der Fall, sie können ganz verschlossen werden. Schraubverschlüsse dagegen sollten zugedreht und wieder leicht gelockert werden.

2 Die Gläser auf ein Gitter in einen tiefen Topf stellen. Mit kaltem Wasser bedecken oder zumindest bis zum Hals in Wasser stellen.

3 Ein Zuckerthermometer in den Topf hängen und langsam über 1 Std. auf 55 °C erhitzen. In weiteren 30 Min. auf 74–87,5 °C erhitzen – für Beeren auf 74, für festere Birnen auf 87,5 °C. Diese Temperatur 10–30 Min. beibehalten (10 Min. für Beeren und Rhabarber, 15 Min. für halbe Pfirsiche, Pflaumen und Aprikosen und

30 Min. für halbe Birnen). Behalten Sie die Temperatur im Auge, sie sollte nur langsam steigen. Bei zu großer Hitze werden die Früchte zu weich und verlieren ihre Farbe. Auch wenn es sich kompliziert anhört, genügt es eigentlich, während des Erhitzens in der Küche zu sein und gelegentlich einen Blick auf das Thermometer und die Uhr zu werfen, um sicherzustellen, dass alles nach Plan läuft.

4 Etwas Wasser aus dem Topf entfernen und die Gläser mit Ofenhandschuhen vorsichtig herausheben. Die Deckel mit einem Küchenhandtuch fest zuschrauben und abkühlen lassen. Vor dem Lagern überprüfen, ob die Gläser gut verschlossen sind.

Im Ofen

1 Wie im Rezept angegeben kochenden Sirup über kalte Früchte in sterilisierte Gläser gießen. Bügel schließen oder Gläser locker zuschrauben.

2 Gläser mit viel Abstand auf ein Backblech stellen und in der Mitte des vorgeheizten Ofens bei 150 °C (Gas Stufe 2) je nach Größe und Festigkeit der Früchte 15–40 Min. erhitzen, bis die Früchte im Sirup gerade nach oben steigen. Kleine oder mittlere Gläser sind für diese Methode am besten geeignet. Bei größeren Gläsern kann sich die oberste Schicht Früchte verfärben, da es zu lange dauert, bis die Hitze das ganze Glas durchdrungen hat. Zwischen den Gläsern sollte mindestens 5 cm Platz sein, damit die Hitze zirkulieren kann. Für Früchte mit längeren Kochzeiten wie Birnen und Quitten ist diese Methode nicht geeignet.

Tipps

- Verwenden Sie weißen Haushaltszucker für den Sirup. Er kann mit Zitrusschalen, gespaltener Vanilleschote, halbierten Zimtstangen, Sternanis oder Nelken gewürzt und mit Wein oder anderem Alkohol wie Weinbrand, Rum, Madeira oder Marsala versetzt werden.
- Feste, fehlerlose Früchte ergeben die beste Farbe und Konsistenz.
- Kleine Früchte wie Kirschen oder Beeren können ganz gelassen werden. Größere wie Aprikosen, Äpfel, Pflaumen oder Pfirsiche müssen halbiert oder geviertelt werden.
- Äpfel und Birnen sollten während der Vorbereitung in gesäuertem Wasser gelagert werden, damit sie nicht braun werden – 3 EL frischer Zitronensaft auf eine Schüssel kaltes Wasser. Oder 1/2 TL Zitronensäure pro 600 ml Zuckersirup hinzufügen, bevor der Sirup über die Früchte gegeben wird.
- Die Gläser vorsichtig füllen. Wenn zu viele Früchte im Glas sind, können sie nicht im Sirup nach oben steigen. Durch vorsichtiges Einfüllen kann man auch schöne optische Effekte erzielen.
- Die Gläser bis zum Rand mit Zuckersirup füllen, damit die Früchte während des Einkochens etwas schrumpfen können.
- Mit den gefüllten Gläsern leicht auf die Arbeitsfläche klopfen, um Luftblasen zu entfernen oder diese mit einem Spieß zerstechen.
- Deckel nicht vollständig schließen, sodass während des Einkochens Luft entweichen kann.
- Die richtige Kochzeit ist wichtig – ist sie zu kurz, kann das Eingekochte nicht lange gelagert werden.
- Nach Ende der Kochzeit die Deckel vollständig verschließen.
- Am nächsten Tag sicherstellen, dass sich ein Vakuum gebildet hat. Wenn man die Bügel öffnet, sollte der Deckel fest an seinem Platz bleiben.

Sirup und Likör

Die Farbe erhalten

Um die Farbe der Früchte zu erhalten, darf man sie nicht zu lang kochen. Weiche Beeren wie Himbeeren, Erdbeeren und Johannisbeeren werden am besten in einem Wasserbad gekocht, es geht aber auch langsam und vorsichtig im Topf. Äpfel, die viel länger kochen müssen, sind die Ausnahme. Wenn sie mit anderen Früchten gemischt werden, sollten diese erst zum Ende der Kochzeit hinzugefügt werden, um ihre Farbintensität zu erhalten.

Klarheit

Für klare Sirupe ist ein gutes Saftsieb nötig. Tuch über eine Schüssel hängen und abkochen (s. S. 5). Die gekochten Früchte hineingeben und 2–3 Std. abtropfen lassen. Widerstehen Sie der Versuchung, die Reste auszupressen, da der Sirup dadurch trüb wird.

Den kalten Saft in einen großen Topf geben und 250–375 g Zucker pro 600 ml Saft hinzufügen. Bei geringer Hitze unter ständigem Rühren erhitzen, bis der Zucker sich vollständig aufgelöst hat. Wenn Schaum entsteht, mit einem Schaumlöffel entfernen oder den heißen Sirup durch ein feines Nylontuch oder ein mit Musselin ausgelegtes Sieb abseihen.

In Flaschen abfüllen

Plastik an der Deckelinnenseite entfernen, da es beim Erhitzen schmilzt. Flaschen, Schraubdeckel und Korken vor dem Verwenden sterilisieren.

Mit einem schmalen, sterilisierten Trichter die Flaschen bis ca. 2,5–4 cm unter dem Rand füllen und die Deckel locker zuschrauben; Korken können hineingedrückt werden. Nicht vollständig füllen, da die Flüssigkeit sich ausdehnt. Nach dem Erhitzen fest zuschrauben. Verkorkte, abgekühlte Flaschen mit Wachs verschließen.

Erhitzen

Nur erhitzte oder sterilisierte Sirupflaschen können länger gelagert werden. Das langsame Wasserbad bringt die besten Ergebnisse.

1 Ein kleines Drahtgitter in einen tiefen Topf stellen und die Flaschen mit etwas Abstand zueinander hineinstellen. Gefaltetes Zeitungspapier zwischen die Flaschen klemmen, sodass sie nicht umfallen. Bis zum Flaschenhals kaltes Wasser einfüllen.

2 Ein Zuckerthermometer in den Topf hängen und langsam über 1 Std. auf 77 °C erhitzen. Die Temperatur je nach Flaschengröße für 20–30 Min. beibehalten. Etwas Wasser aus dem Topf entfernen und die Flaschen vorsichtig herausnehmen, auf ein Holzbrett stellen und mit einem Handtuch die Verschlüsse festziehen. Über Nacht abkühlen lassen und an einem kühlen, dunklen Ort aufbewahren.

Andere Arten Lebensmittel haltbar zu machen

Verwendung von Alkohol

Verwandeln Sie eine Flasche billigen Gin mit Schlehen, Weinbrand mit Aprikosen, Pfirsichen, Pflaumen oder Zwetschgen oder Wodka mit Erdbeeren in etwas Besonderes. Kleine Früchte können ganz gelassen, größere sollten in Scheiben geschnitten werden. Stechen Sie Löcher in kleine Früchte, damit der Alkohol sie besser durchdringen kann. Als Faustregel zwei Drittel Alkohol und ein Drittel Zucker hinzufügen. Zwischen 1 Monat und 1 Jahr ziehen lassen. Abseihen und in Flaschen abfüllen. Die eingelegten Früchte können mit Sahne, Eis, Pudding oder Baiser serviert werden. Schlehen sind die einzigen Früchte, die man nach dem Ziehen nicht essen kann.

In Essig einlegen

Einfacher Rot- oder Weißweinessig, Malzessig oder Branntweinessig kann durch die Zugabe von Gewürzen und Kräutern verfeinert werden. Der Essig zieht für mehrere Wochen, wird dann abgeseiht und in Flaschen gefüllt. Mit dem gewürzten Essig können Fleischeintöpfe, Salate oder Saucen aufgepeppt werden. Größere Mengen Essig braucht man für Chutneys, süß-saures Relish oder als Basis für eingelegte Früchte und Gemüse.

Öl als Konservierungsmittel

Ein schneller Weg Eingemachtes ohne Kochen herzustellen. Käse in Scheiben schneiden, würfeln oder kleine ganze Käse und Oliven mit Gewürzen wie Zwiebelringen, Kapern, Kräutern, Knoblauch und Zitronen- oder Orangenschale in sterilisierte Gläser schichten und mit Olivenöl bedecken. Gläser auf die Arbeitsfläche klopfen, um Luftblasen zu entfernen und mit Schraubdeckeln verschließen. Oliven bei Raumtemperatur, Käse im Kühlschrank aufbewahren.

Konfitüre und Gelee *Am häufigsten werden Konfitüren und Gelees zuhause produziert, die Herstellung macht Freude und das Ergebnis lohnt sich. Wenn man einmal seine eigenen Kreationen probiert hat, wird man nur ungern wieder Konfitüre und Gelee aus dem Supermarkt kaufen. Wenn man den Grundregeln folgt und sicherstellt, dass das Pektin während des Kochens vollständig ausgelöst wird und die richtige Menge Säure hinzugegeben wird, damit die Konfitüre geliert, sind sie einfach herzustellen.*

Konfitüre wird mit zumindest teilweise zerdrückten Früchten hergestellt, während die Früchte für Gelee gekocht und abgeseiht werden, sodass die ganzen Früchte grob gehackt werden können, was Zeit spart und die Zubereitung von großen Mengen erlaubt.

Himbeer-Johannisbeer-Konfitüre *Wenn viele Kerne in der Konfitüre Sie stören, kochen Sie die Hälfte der Früchte extra und pressen Sie sie durch ein Sieb, bevor Sie sie zu den übrigen Früchten geben*

Ergibt: etwa 1,5 kg
Vorbereitung: 5 Min.
Kochzeit: etwa 1 Std.

500 g Himbeeren
500 g rote Johannisbeeren
300 ml Wasser
Saft von 2 Zitronen
1 kg Zucker

1 Früchte in einem großen Topf mit Wasser vermischen. Aufkochen, die Hitze reduzieren und abdecken. Für 20–30 Min. köcheln lassen, bis die Johannisbeeren sehr weich sind.

2 Zitronensaft und Zucker hinzugeben und bei geringer Hitze rühren, bis der Zucker sich vollständig aufgelöst hat.

3 Die Hitze erhöhen und bis zum Gelieren sprudelnd kochen lassen. Topf vom Herd nehmen und mit einem Schaumlöffel vorsichtig den Schaum an der Oberfläche entfernen.

4 Konfitüre in warme, trockene Gläser verteilen, mit einem luftdichten Deckel oder Zellophan verschließen. Beschriften und abkühlen lassen. An einem kühlen, dunklen Ort 3–4 Monate haltbar.

Himbeer-Johannisbeer-Konfitüre

Brombeer-Apfel-Konfitüre *Schmeckt auf warmem gebutterten Toast hervorragend, lässt sich aber auch wunderbar für Tarts und Kuchen verwenden.*

Ergibt: etwa 3,25 kg
Vorbereitung: 15 Min. plus Ruhezeit
Kochzeit: 1 Std.

1 kg leicht unreife Brombeeren, Stiele entfernt
1,75 kg Zucker
1 kg Kochäpfel
300 ml Wasser
Saft von 2 großen Zitronen

1 Brombeeren mit Zucker in einer großen Schüssel vermischen und über Nacht stehen lassen.

2 Äpfel schälen, entkernen und in Scheiben schneiden. Schalen und Kerngehäuse mit dem Wasser in einen Topf geben. Aufkochen und ohne Deckel etwa 20 Min. kochen, bis das Wasser fast vollständig verdampft ist und die Apfelreste weich sind. Durch ein feines Sieb in einen großen Topf pressen.

3 Apfelscheiben und Brombeeren mit ihrem Saft und dem Zucker dazugeben. Langsam erhitzen, bis es köchelt und unter ständigem Rühren etwa 10 Min. köcheln, bis der Zucker sich ganz aufgelöst hat und die Früchte weich sind. Den Zitronensaft hinzufügen.

4 Konfitüre aufkochen und bis zum Gelieren sprudelnd kochen lassen. Vom Herd nehmen und Schaum mit einem Schaumlöffel entfernen.

5 Auf warme, trockene Gläser verteilen, mit einem luftdichten Deckel oder Zellophan verschließen. Beschriften und abkühlen lassen. An einem kühlen, dunklen Ort 3–4 Monate haltbar.

Rhabarber-Orangen-Konfitüre mit Ingwer *Ingwer gibt dieser Konfitüre das gewisse Etwas und passt wunderbar zu Orangen und Rhabarber. Wer keinen Ingwer mag, lässt ihn einfach weg – die Konfitüre ist dann genauso lecker.*

ERGIBT: 2,75–3,25 kg

VORBEREITUNG: 10 Min. plus Zeit zum Abkühlen

KOCHZEIT: 1¾ Std.

1,5 kg geputzter Rhabarber, in Scheiben geschnitten

50 g frischer Ingwer, geschält und fein gehackt

Saft und gehackte Schale von 2 unbehandelten Orangen

2 unbehandelte Zitronen, halbiert

1,2 l Wasser

1,75 kg Zucker

1 Zwei Drittel des Rhabarbers in einem großen Topf mit Ingwer, Orangenschale und -saft, Zitronensaft und Wasser vermischen. Die ausgepressten Zitronenhälften hacken und in ein Stück Musselin gebunden in den Topf geben. Aufkochen, die Hitze reduzieren und ohne Deckel etwa 1 Std. gleichmäßig köcheln lassen. Am Ende dieser Zeit sollte sich die Menge etwa halbiert haben.

2 Abkühlen lassen, das Musselinsäckchen herausnehmen und allen Saft daraus in den Topf pressen. Den restlichen Rhabarber dazugeben, wieder aufkochen und 5–10 Min. köcheln lassen, bis der Rhabarber weich ist. Nach und nach den Zucker einrühren und bei geringer Hitze weiterrühren, bis der Zucker sich ganz aufgelöst hat. Wieder aufkochen und bis zum Gelieren sprudelnd kochen lassen. Vom Herd nehmen und Schaum mit einem Schaumlöffel entfernen.

3 Auf warme, trockene Gläser verteilen, mit einem luftdichten Deckel oder Zellophan verschließen. Beschriften und abkühlen lassen. An einem kühlen, dunklen Ort 3–4 Monate haltbar.

Melonen-Ingwer-Konfitüre *Eine köstliche Konfitüre, die ziemlich fest wird. Mit dünnen Scheiben Brot und Butter ein herrliches zweites Frühstück.*

Ergibt: 1,5 kg

Vorbereitung: 10 Min.

Kochzeit: 1½ Std.

1 reife Honigmelone

500 g Kochäpfel, grob gehackt

75 g frischer Ingwer, geschält und grob gerieben

1,2 l Wasser

Saft von 3 Zitronen

1 kg Zucker

1 Melone halbieren, die Kerne herauslöffeln und in einen großen Topf geben. Melone vierteln, das Fruchtfleisch herausschneiden und beiseite stellen. Die Schale hacken und zu den Kernen in den Topf geben. Äpfel, Ingwer und Wasser hinzufügen. Aufkochen, abdecken und 30 Min. kochen lassen. Durch ein Sieb in einen sauberen Topf pressen.

2 Das Melonenfruchtfleisch hacken und zur gesiebten Flüssigkeit in den Topf geben. Abdecken und 15 Min. köcheln lassen.

3 Zitronensaft und Zucker hinzufügen und bei geringer Hitze rühren, bis sich der Zucker vollständig aufgelöst hat. Aufkochen und bis zum Gelieren sprudelnd kochen lassen. Vom Herd nehmen und Schaum mit einem Schaumlöffel entfernen.

4 Auf warme, trockene Gläser verteilen, mit einem luftdichten Deckel oder Zellophan verschließen. Beschriften und abkühlen lassen. An einem kühlen, dunklen Ort 3–4 Monate haltbar.

Ananas-Passionsfrucht-Konfitüre *Wenn sie vollständig reif sind, haben Passionsfrüchte eine runzlige Haut und fühlen sich schwer für ihre Größe an. Ihr aromatisches Fruchtfleisch passt gut zu saftiger, süßer Ananas.*

Ergibt: etwa 2 kg
Vorbereitung: 15 Min.
Kochzeit: 2½ Std.

1 große, reife Ananas
750 g Kochäpfel, grob gehackt
6 Passionsfrüchte, geviertelt
1,2 l Wasser
1,5 kg Zucker
Saft von 2 großen Zitronen

1 Die Ananas schälen und Schale und Blätter hacken. Blätter und Schale mit Äpfeln und Passionsfrüchten in einen Topf geben und das Wasser dazugießen. Aufkochen, die Hitze reduzieren, abdecken und etwa 1 Std. köcheln lassen.

2 In der Zwischenzeit das Ananasfruchtfleisch hacken, dabei die harte Mitte feiner hacken als den weichen äußeren Teil.

3 Die zerkochte Mischung durch ein feines Sieb drücken und das erhaltene Püree mit der frischen Ananas zurück in den Topf geben. Langsam aufkochen, die Hitze reduzieren, abdecken und 30 Min. köcheln lassen, bis die Ananas ziemlich weich ist.

4 Zucker und Zitronensaft dazugeben und bei geringer Hitze rühren, bis der Zucker sich vollständig aufgelöst hat. Aufkochen und bis zum Gelieren sprudelnd kochen lassen. Vom Herd nehmen und Schaum mit einem Schaumlöffel entfernen.

5 Auf warme, trockene Gläser verteilen, mit einem luftdichten Deckel oder Zellophan verschließen. Beschriften und abkühlen lassen. An einem kühlen, dunklen Ort 3–4 Monate haltbar.

Kastanienkonfitüre mit Whisky *Diese Konfitüre ist ein leckerer Aufstrich für Toast oder Muffins. Mit Joghurt in Gläser geschichtet ergibt sie ein leckeres und leichtes Dessert.*

Ergibt: 550 g

Vorbereitung: 15 Min.

Kochzeit: 50 Min.

625 g gekochte, geschälte Kastanien

1 Vanilleschote

375 g weicher, hellbrauner Zucker

2 EL Whisky

1 Kastanien und Vanilleschote in einen Topf mit schwerem Boden geben und mit Wasser gerade bedecken. Aufkochen, die Hitze reduzieren, abdecken und 30 Min. köcheln lassen. Die Vanilleschote entfernen, abgießen und das Kochwasser aufbewahren. Kastanien in der Küchenmaschine oder mit dem Pürierstab pürieren oder durch einen Fleischwolf drehen. Nach Bedarf etwas Kochflüssigkeit hinzufügen.

2 Kastanienpüree zurück in den Topf geben. Vanilleschote längs halbieren und die Kerne in den Topf kratzen. Zucker und 75 ml Kochflüssigkeit dazugeben und verrühren. Aufkochen und unter häufigem Rühren etwa 5 Min. dick einkochen. Vom Herd nehmen und den Whisky dazugeben.

3 Auf warme, trockene Gläser verteilen, mit einem luftdichten Deckel oder Zellophan verschließen. Beschriften und an einem kühlen, dunklen Ort mindestens 2 Tage reifen lassen. Ungeöffnet bis zu 6 Monate haltbar.

Kastanienkonfitüre mit Whisky

Sauerkirschkonfitüre *Diese köstliche Konfitüre passt gut zu besonderen Desserts. Füllen Sie damit Biskuitböden, geben Sie sie auf Vanillemousse oder servieren Sie sie zu Eis.*

Ergibt: etwa 1,5 kg

Vorbereitung: 15 Min.

Kochzeit: 1¼ Std.

1 kg Sauerkirschen (Schattenmorellen oder Montmorency), entkernt

1 kg Zucker

150 ml Weinbrand oder Orangenlikör (Cointreau, Curaçao)

1 Kirschen mit Zucker in einen großen Topf geben. Weinbrand oder Likör dazugeben und bei geringer Hitze rühren, bis der Zucker sich vollständig aufgelöst hat.

2 Aufkochen, die Hitze reduzieren und ohne Deckel unter gelegentlichem Rühren etwa 1 Std. sanft köcheln lassen, bis das Volumen sich auf etwa zwei Drittel der Originalmenge reduziert hat.

3 Auf warme, trockene Gläser verteilen, mit einem luftdichten Deckel oder Zellophan verschließen. Beschriften und an einem kühlen, dunklen Ort ungefähr 1 Monat reifen lassen oder ungeöffnet 3–4 Monate lagern.

Sauerkirschkonfitüre

Physalis-Ingwer-Konfitüre

Leicht und köstlich ist dies ein leckerer Aufstrich für Früchtebrot, Croissants und Scones oder eine tolle Füllung für Biskuit.

Ergibt: 1 kg
Vorbereitung: 10 Min. plus Ruhezeit
Kochzeit: 25 Min.

500 g Physalis
500 g Einmachzucker
7 cm Stück frischer Ingwer, geschält und fein gehackt
1 kleine unbehandelte Zitrone, halbiert
3 EL Wasser

1 Die papierartigen Blätter der Physalis entfernen und die Beeren abwaschen.

2 Zucker mit Beeren, Ingwer und Zitronenhälften in einen Topf mit schwerem Boden geben. Das Wasser dazugeben und bei geringer Hitze unter ständigem Rühren etwa 10 Min. erhitzen, bis der Zucker sich vollständig aufgelöst hat. Aufkochen und bis zum Gelieren sprudelnd kochen lassen.

3 Vom Herd nehmen und mit einem Schaumlöffel eventuellen Schaum entfernen. Die Zitronenschalen herausnehmen. Etwa 15 Min. ruhen lassen.

4 Nochmal umrühren und in warme, trockene Gläser füllen und vollständig abkühlen lassen. Die kalten Gläser mit einem luftdichten Deckel oder Zellophan verschließen. Beschriften und an einem kühlen, dunklen Ort lagern. Ungefähr 3–4 Monate haltbar.

Stachelbeer-Mandel-Konfitüre *Durch die Mandeln bekommt diese Konfitüre eine interessante Konsistenz. Als Dessertsauce schmeckt sie gut auf Bratäpfeln, Apfelkuchen, Milchreis oder Eis.*

Ergibt: etwa 1,5 kg

Vorbereitung: 15 Min.

Kochzeit: 1 Std.

1 kg Stachelbeeren, Stiele und Blüten entfernt

125 g blanchierte Mandeln, halbiert

Saft von 3 Zitronen

300 ml Wasser

1 kg Zucker

1 Stachelbeeren mit Mandeln, Zitronensaft und Wasser in einen Topf geben. Aufkochen, die Hitze reduzieren und abdecken. Etwa 20 Min. köcheln lassen, bis die Beeren weich sind.

2 Zucker hinzufügen und bei geringer Hitze rühren, bis sich der Zucker vollständig aufgelöst hat. Aufkochen und ohne Deckel etwa 20 Min. unter gelegentlichem Rühren kochen, bis alles zu einem dicken Sirup eingekocht ist.

3 In heiße Gläser geben, mit einem luftdichten Deckel oder Zellophan verschließen. Beschriften und abkühlen lassen, dann an einem dunklen, kühlen Ort lagern. Hält sich etwa 3–4 Monate.

Erdbeerkonfitüre mit Champagner *Dieser zeitlose Klassiker schmeckt mit Champagner oder Sekt besonders gut. Auf Butterbrot, warmem Gebäck oder Toast servieren.*

Ergibt: 2,25 kg

Vorbereitung: 10 Min. plus Ruhezeit

Kochzeit: 20 Min.

1,5 kg Erdbeeren, geputzt

1,5 kg Gelierzucker

150 ml oder 1 Glas trockener Champagner oder Sekt

1½ TL Zitronensäure

1 Überreife Erdbeeren oder solche mit matschigen Stellen entfernen. Je nach Größe halbieren oder vierteln. Die Hälfte in einen großen Topf geben und mit einem Kartoffelstampfer zerdrücken. Wenn es schwer ist, sie zu zerdrücken, im Topf leicht erwärmen und es erneut versuchen.

2 Zucker, restliche Erdbeeren, Champagner oder Sekt und Zitronensäure hinzufügen und 10 Min. unter ständigem Rühren bei geringer Hitze erwärmen, bis sich der Zucker vollständig aufgelöst hat.

3 Aufkochen und 5–10 Min. sprudelnd kochen lassen, dabei alle 5 Min. eine Gelierprobe machen. Mit einem Schaumlöffel den Schaum von der Oberfläche entfernen und 15 Min. ruhen lassen.

4 Konfitüre in warme, trockene Gläser füllen und vollständig abkühlen lassen. Kalte Gläser mit luftdichten Deckeln oder Zellophan verschließen. Beschriften und an einem kühlen, dunklen Ort lagern. Etwa 6–12 Monate haltbar.

Erdbeerkonfitüre mit Champagner

Holzapfelgelee *Dieses würzige Gelee passt nicht nur zu gebuttertem Toast, sondern auch zu Schweinebraten und Schinken.*

Ergibt: etwa 1,5 kg
Vorbereitung: 10 Min. plus Zeit zum Abseihen
Kochzeit: 2¼ Std.

2 kg Holzäpfel, grob gehackt
1,2 l Wasser
Saft von 2 Zitronen
4 Nelken
Zucker

1 Holzäpfel in einen Topf geben, Wasser und Zitronensaft dazugeben und die Nelken unterrühren. Aufkochen, die Hitze reduzieren und abdecken. Etwa 1½ Std. köcheln lassen, bis die Äpfel zu Brei zerfallen sind.

2 Leicht abkühlen lassen, dann über Nacht durch ein Safttuch in eine große Schüssel abseihen.

3 Den Saft am nächsten Tag abmessen und in einen großen Topf geben. Pro 600 ml Saft 500 g Zucker in den Topf geben. Bei geringer Hitze rühren, bis der Zucker sich vollständig aufgelöst hat. Aufkochen und bis zum Gelieren sprudelnd kochen lassen. Mit einem Schaumlöffel den Schaum entfernen.

4 In warme, trockene Gläser geben, mit einem luftdichten Deckel oder Zellophan verschließen. Beschriften und abkühlen lassen, dann an einem dunklen, kühlen Ort lagern. Hält sich etwa 3–4 Monate.

Hagebutten-Apfel-Gelee *Die Hagebutten sollten fest und gerade reif sein. Wenn Sie Fallobstäpfel verwenden, schneiden Sie alle beschädigten Stellen heraus, bevor Sie die Äpfel wiegen.*

Ergibt: etwa 1 kg
Vorbereitung: 20 Min. plus Zeit zum Abseihen
Kochzeit: 50 Min.

500 g Hagebutten
600 ml Wasser
1 kg Kochäpfel, grob gehackt
Zucker
Zitronensaft

1 Hagebutten mit 300 ml Wasser in einen Topf geben, aufkochen, abdecken und 45–50 Min. leicht köcheln lassen. Äpfel mit dem restlichen Wasser in einen zweiten Topf geben, aufkochen, abdecken und zu Brei zerkochen.

2 Beide Töpfe abkühlen lassen und über Nacht in zwei separaten Safttüchern über einer Schüssel abtropfen lassen.

3 Die gewonnenen Säfte mischen, abmessen und in einen sauberen Topf geben. Pro 600 ml Saft 500 g Zucker und den Saft einer Zitrone hinzufügen und bei geringer Hitze rühren, bis der Zucker sich vollständig aufgelöst hat. Aufkochen und bis zum Gelieren sprudelnd kochen lassen. Mit einem Schaumlöffel eventuellen Schaum entfernen.

4 In warme, trockene Gläser geben, mit einem luftdichten Deckel oder Zellophan verschließen. Beschriften und abkühlen lassen, dann an einem dunklen, kühlen Ort lagern. Hält sich etwa 3–4 Monate.

Traubengelee mit Portwein

Ein besonders weiches Gelee, das sehr kühl gelagert werden sollte. Der Geschmack passt zu selbst gemachter Eiscreme, Vanillemousse oder Käsekuchen.

Ergibt: etwa 1,5 kg
Vorbereitung: 10 Min. plus Abtropfzeit über Nacht
Kochzeit: 1¾ Std.

1 kg rote Trauben mit Stielen, halbiert
3 unbehandelte Zitronen, halbiert
1,8 l Wasser
etwa 750 g Zucker
150 ml Portwein

1 Trauben mit Stielen in einen großen Topf geben. Zitronen auspressen und den Saft beiseite stellen. Zitronenschalen hacken und mit dem Wasser in den Topf geben. Aufkochen, die Hitze reduzieren und abdecken. Eine Stunde köcheln lassen, dann abkühlen und über Nacht in einem Saftsieb über einer großen Schüssel abtropfen lassen.

2 Am nächsten Tag den Saft abmessen und in einen großen Topf geben. Pro 600 ml Saft 375 g Zucker dazugeben. Portwein und Zitronensaft hinzufügen und bei geringer Hitze rühren, bis der Zucker sich vollständig aufgelöst hat. Aufkochen und bis zum Gelieren sprudelnd kochen lassen. Mit einem Schaumlöffel eventuellen Schaum entfernen.

3 In warme, trockene Gläser geben, mit einem luftdichten Deckel oder Zellophan verschließen. Beschriften und abkühlen lassen, dann an einem dunklen, kühlen Ort lagern. Hält sich etwa 3–4 Monate.

Süßes Earl-Grey-Zitronen-Gelee *Dieses elegante Gelee schmeckt dezent nach Earl Grey und ist köstlich auf dicke gebutterte Toastscheiben zum Frühstück oder mit Scones und Schlagsahne am Nachmittag.*

Ergibt: 1,4 kg
Vorbereitung: 40 Min. plus Abtropfzeit
Kochzeit: 55–60 Min.

2 kg Kochäpfel, in 2,5 cm großen Würfeln
1,2 l Wasser
4 EL Earl Grey Teeblätter
1–1,25 kg weißer Streuzucker
Saft von 1 Zitrone

1 Äpfel in einen großen Topf geben und mit Wasser gerade bedecken. Deckel auf den Topf legen und aufkochen, dann die Hitze reduzieren und mit Deckel 45 Min. köcheln lassen, bis die Äpfel sehr weich sind.

2 Ein Stück Musselin in eine Schüssel legen, mit kochendem Wasser bedecken und 5 Min. stehen lassen. Abtropfen lassen und flach auf einen Teller legen. Die Teeblätter in die Mitte löffeln, mit einer Schnur zubinden und in eine große Schüssel geben. Ein Safttuch über dieser Schüssel aufhängen und die Äpfel mit ihrer Kochflüssigkeit hineingeben. Mindestens 4 Std. oder über Nacht abtropfen lassen. Den Musselin-Teebeutel nach 20–30 Min. herausnehmen, je nachdem, wie stark man seinen Tee mag.

3 Die Flüssigkeit abmessen und in einen sauberen Topf geben. Pro 600 ml Flüssigkeit 500 g Zucker dazugeben. Den Zitronensaft unterrühren und bei geringer Hitze rühren, bis der Zucker sich vollständig aufgelöst hat.

4 Aufkochen und 10–15 Min. sprudelnd kochen lassen. Nach jeweils 5 Min. eine Gelierprobe machen. Mit einem Schaumlöffel eventuellen Schaum entfernen.

5 In warme, trockene Gläser geben, mit einem luftdichten Deckel oder Zellophan verschließen. Beschriften und abkühlen lassen, dann an einem dunklen, kühlen Ort lagern. Hält sich etwa 6–12 Monate.

Variation

Legen Sie eine Zitronenscheibe in die angewärmten Gläser, bevor Sie das Gelee einfüllen.

Tipp

- Dieses Gelee geliert sehr schnell. Lassen Sie es nicht zu lange kochen, sonst verderben Sie das fertige Gelee mit hässlichen Fäden von karamellisiertem Zucker.

Minze-Apfel-Gelee *Der traditionell englische Weg, Minze für die Wintermonate zu konservieren. Statt Minze kann man aber auch Rosmarin oder eine Kräutermischung verwenden. Passt besonders zu Lammbraten.*

Ergibt: etwa 1,5–2 kg
Vorbereitung: 30 Min. plus Abtropf- und Ruhezeit
Kochzeit: 1½ Std.

2 kg Kochäpfel, grob gehackt
300 ml weißer Essig
600 ml Wasser
1,5 kg Zucker
125 g frische Minzstängel

1 Äpfel mit Essig und Wasser in einen Topf geben. Aufkochen, die Hitze reduzieren und abdecken. Eine Stunde köcheln lassen, bis die Äpfel zu Brei zerfallen sind. Leicht abkühlen lassen und über Nacht in einem Safttuch über einer Schüssel abtropfen lassen.

2 Am nächsten Tag den Saft mit dem Zucker in einen Topf geben. Bei geringer Hitze rühren, bis der Zucker sich vollständig aufgelöst hat. Aufkochen und bis zum Gelieren sprudelnd kochen lassen.

3 Minzblätter von den Stängeln zupfen und fein hacken. Mit einem Schaumlöffel Schaum vom Gelee schöpfen, dann die Minze unterrühren. Etwa 10 Min. stehen lassen, gut umrühren und in warme, trockene Gläser füllen.

4 Die Gläser vollständig abkühlen lassen. Die kalten Gläser mit Deckeln oder Zellophan luftdicht verschließen. Beschriften und an einem kühlen, dunklen Ort lagern. Etwa 3–4 Monate haltbar.

Fruchtbutter, Fruchtkäse und Curd *werden aus Fruchtpüree hergestellt und dicker eingekocht als normale Konfitüre. Fruchtkäse (auch Schnittmarmelade genannt) sollte am Ende der Kochzeit so dick sein, dass man den Topfboden sieht, wenn man die Masse mit einem Löffel umrührt. Erkaltet kann sie mit einem Messer in Stücke geschnitten werden. Fruchtbutter ist weicher und streichfähig. Beide können statt Chutney zu kaltem Fleisch und Käse serviert werden.*

Curds haben eine natürliche Säure, da sie aus Zitrusschale und -saft, Butter, Zucker und Eiern hergestellt werden. Sie werden nicht auf direkter Hitze gekocht, sondern in einem Wasserbad. Da sie Eier beinhalten, sind sie deutlich kürzer haltbar als andere Fruchtaufstriche.

Bananenbutter *Dieser Aufstrich ist besonders bei Kindern beliebt und in einfachen Trifles herrlich. Stellen Sie ihn her, wenn Sie günstig Bananen bekommen, die etwas überreif sind.*

Ergibt: etwa 1 kg
Vorbereitung: 10 Min.
Kochzeit: 1 Std. 20 Min.

10 Bananen, geschält
Saft von 2 Zitronen
150 ml Wasser
500 g Zucker
¼ TL gemahlenes Lebkuchengewürz

1 Bananen in Scheiben schneiden und mit Zitronensaft und Wasser in einen Topf geben. Aufkochen, die Hitze reduzieren und abdecken. Etwa 20–30 Min. köcheln lassen, bis die Bananen zu Brei zerfallen sind.

2 Diesen durch ein feines Sieb in einen sauberen Topf pressen. Bei geringer Hitze nach und nach den Zucker einrühren, dann das Gewürz hinzufügen und rühren, bis der Zucker vollständig aufgelöst ist. Aufkochen, die Hitze reduzieren und ohne Deckel etwa 30–40 Min. köcheln lassen. Dabei regelmäßig rühren, bis die Menge sich etwa um die Hälfte reduziert hat und die Bananenbutter ziemlich dick ist.

3 In warme Gläser füllen und mit einem luftdichten Deckel oder Zellophan verschließen. Beschriften, abkühlen lassen und an einem kühlen, dunklen Ort bis zu 3 Monate lagern.

Zitronen-Birnen-Butter *Diese köstliche Fruchtbutter schmeckt besonders gut auf frischem Brot mit etwas Schlagsahne. Man verstreicht sie jedoch eher etwas dünner als andere Fruchtaufstriche.*

Ergibt: etwa 1 kg
Vorbereitung: 25 Min.
Kochzeit: 2 Std.

1 kg Birnen, grob gehackt
300 ml Wasser
2 unbehandelte Zitronen, halbiert
etwa 750 g Zucker

1 Birnen mit Wasser in einen großen Topf geben. Zitronen auspressen und den Saft dazugeben, dann die Zitronenschalen hacken und ebenfalls unterrühren. Aufkochen, die Hitze reduzieren und abdecken. Etwa 1 Std. köcheln lassen, bis die Birnen zerfallen sind.

2 Den Brei durch ein feines Sieb drücken und das Püree abwiegen. In einen sauberen Topf geben und 375 g Zucker pro 500 g Püree dazugeben. Bei geringer Hitze rühren, bis der Zucker sich vollständig aufgelöst hat. Aufkochen, die Hitze reduzieren und ohne Deckel etwa 45 Min. gleichmäßig köcheln lassen. Dabei regelmäßig umrühren, bis die Birnenbutter zu einer cremigen Konsistenz eingekocht ist.

3 In warme Gläser füllen und mit einem luftdichten Deckel oder Zellophan verschließen. Beschriften, abkühlen lassen und an einem kühlen, dunklen Ort bis zu 3 Monate lagern.

Würzige Apfelbutter *Fallobst ist für diesen Aufstrich ideal. Schneiden Sie faule Stellen vor dem Wiegen heraus, aber sparen Sie sich das Schälen, da die gekochten Äpfel gesiebt werden.*

Ergibt: etwa 1,5 kg
Vorbereitung: 20 Min.
Kochzeit: 1 3/4 Std.

1,25 kg Kochäpfel, grob gehackt
1 Zimtstange
1 TL frisch geriebene Muskatnuss
1 unbehandelte Zitrone, gehackt
600 ml Wasser
etwa 625 g Zucker

1 Äpfel mit Gewürzen, gehackter Zitrone und Wasser in einen großen Topf geben. Aufkochen, die Hitze reduzieren und abdecken. Etwa 1 Std. köcheln lassen, bis die Äpfel zerfallen sind.

2 Durch ein feines Sieb pressen, das Püree abwiegen und in einen sauberen Topf geben. Pro 500 g Püree 375 g Zucker dazugeben und bei geringer Hitze rühren, bis der Zucker sich vollständig aufgelöst hat. Aufkochen und etwa 30 Min. sprudelnd kochen. Regelmäßig rühren, bis die Menge sich etwa halbiert hat und die Apfelbutter dick und cremig ist.

3 In warme Gläser füllen und mit einem luftdichten Deckel oder Zellophan verschließen. Beschriften, abkühlen lassen und an einem kühlen, dunklen Ort bis zu 3 Monate lagern.

Würzige Apfelbutter

Lime-Curd mit Passionsfrüchten *Die Kerne der Passionsfrüchte ergeben den herrlichen Duft und Geschmack. Streichen Sie diesen Curd auf warme Scones, heben Sie ihn unter Schlagsahne oder verwenden Sie ihn als einfache Kuchenfüllung.*

Ergibt: 650 g

Vorbereitung: 15 Min.

Kochzeit: 30 Min.

250 g feiner Zucker

Saft und abgeriebene Schale von 4 unbehandelten Limetten

125 g ungesalzene Butter, in Stücke geschnitten

4 Eier

3 Passionsfrüchte

1 Einen mittleren Topf zu einem Viertel mit Wasser füllen und aufkochen. Eine große Schüssel auf den Topf setzen, ihr Boden sollte das Wasser nicht berühren. Zucker und Limettenschale in die Schüssel geben und mit einem Holzlöffel am Schüsselboden zerdrücken, um die ätherischen Öle freizusetzen.

2 Limettensaft durch ein Sieb in die Schüssel gießen und die Butter dazugeben. Erhitzen und gelegentlich umrühren, bis die Butter geschmolzen ist.

3 Die Eier in einer separaten Schüssel verschlagen, durch ein Sieb zur Zuckermischung geben und gut verrühren. Etwa 20–30 Min. über dem kochenden Wasser garen, dabei gelegentlich umrühren, bis die Mischung sehr dick ist.

4 Die Schüssel vom Topf nehmen. Passionsfrüchte halbieren und die Kerne mit einem Teelöffel in den Lime-Curd geben. Vorsichtig verrühren und in warme, trockene Gläser füllen. Mit einem luftdichten Deckel oder Zellophan verschließen. Beschriften, abkühlen lassen und im Kühlschrank lagern. Etwa einen Monat haltbar.

Variation

Für Lemon-Curd ersetzen Sie die Limetten durch $2\frac{1}{2}$ Zitronen. Oder Sie verwenden je 1 Zitrone, Orange und Limette für einen gemischten Curd.

Lime-Curd mit Passionsfrüchten

Quittenkäse

Quitten sind sehr aromatisch und haben ein helles cremefarbenes Fruchtfleisch, das sich beim Kochen hellrosa verfärbt. Die Marmelade kann direkt aus dem Glas gelöffelt oder erkaltet in Stücke geschnitten und mit würzigem Käse serviert werden.

Ergibt: 1,25 kg
Vorbereitung: 45 Min.
Kochzeit: 1 3/4 Std.

2 kg Quitten
2 l Wasser
1,5–1,75 kg Einmachzucker
etwas Sonnenblumenöl

1 Den Flaum von den Quitten reiben, waschen und abtropfen lassen. In 2,5 cm große Würfel schneiden, in einen großen Topf geben und mit Wasser begießen, sodass die Früchte gerade bedeckt sind. Abdecken, aufkochen, die Hitze reduzieren und 1 Std. köcheln lassen, bis die Quitten sehr weich sind.

2 Quitten mit ihrer Kochflüssigkeit portionsweise pürieren und durch ein Sieb in eine große Schüssel pressen. Die Kerne, Schalen und Kerngehäuse wegwerfen.

3 Das gesiebte Püree abwiegen und pro 500 g Püree 500 g Zucker abwiegen. Den Zucker auf einem tiefen Blech im Ofen bei niedriger Temperatur (s. S. 9) 10 Min. anwärmen.

4 Das Blech abspülen, abtrocknen und mit etwas Sonnenblumenöl einreiben. Die pürierten Quitten zurück in den Topf geben und leicht erwärmen. Den warmen Zucker dazugeben und bei geringer Hitze rühren, bis er sich vollständig aufgelöst hat.

5 Die Hitze erhöhen und ohne Deckel bei mittlerer Hitze 30–45 Min. kochen. Eventuell entstehenden Schaum mit einem Schaumlöffel entfernen. Gegen Ende der Kochzeit öfter umrühren, damit das dicker werdende Püree nicht anbrennt. Wenn die Marmelade fast fertig ist, werden die Luftblasen größer und die Farbe wird dunkler, rotgelb bis pink. Eine Gelierprobe machen. Wenn Sie ein Zuckerthermometer verwenden: Der Quittenkäse geliert bei 100 °C, also bei geringerer Temperatur als normale Konfitüre.

6 Die Marmelade geliert sofort, deshalb sollte sie schnell in warme, trockene Gläser gefüllt werden und mit einem luftdichten Deckel oder Zellophan verschlossen werden. Beschriften, abkühlen lassen und an einem kühlen, dunklen Ort lagern. Etwa 6–12 Monate haltbar. Oder die Marmelade auf das eingeölte Blech streichen und vollständig erkalten lassen. In Stücke schneiden und servieren.

Apfel-Preiselbeer-Käse *Fruchtkäse passt nicht nur zu normalem Käse gut, sondern schmeckt auch in Scheiben geschnitten mit Kaffee als Dessert.*

Ergibt: 2 kg
Vorbereitung: 20 Min.
Kochzeit: 1 1/2 Std.

1 kg Preiselbeeren oder Cranberries, aufgetaut wenn tiefgekühlt

1 kg Kochäpfel, gehackt

75 g Orangenschale, unbehandelt

175 ml Orangensaft

1 TL Nelken

1 Zimtstange

2 Muskatblüten

600 ml Wasser

etwa 1 kg Zucker

Pflanzenöl zum Einölen

1 Preiselbeeren, Äpfel, Orangenschale, -saft und Gewürze in einen großen Topf geben. Mit dem Wasser bedecken. Aufkochen, die Hitze reduzieren und mit Deckel etwa 30 Min. köcheln lassen, bis die Früchte sehr weich und breiig sind.

2 Die Mischung durch ein feines Sieb pressen und das Püree abwiegen. In einen sauberen Topf geben und 250 g Zucker pro 500 g Püree dazugeben. Bei geringer Hitze unter ständigem Rühren den Zucker vollständig auflösen. Unter Rühren weiterkochen, bis das Püree sehr dick ist. Wenn man einen Löffel über den Topfboden zieht, sollte er eine saubere Linie hinterlassen.

3 Sofort in heiße, eingeölte Gläser oder Formen geben und mit einem luftdichten Deckel oder Zellophan verschließen. Beschriften und an einem kühlen, dunklen Ort 1 Monat oder im Kühlschrank 3 Monate lagern.

Marmelade und Mincemeat *Marmelade ist der Definition nach aus Zitrusfrüchten hergestellt, entweder einer Sorte oder einer Mischung, und enthält oft Bitterorangen. Zitronen, Limetten und Grapefruits ergeben allein oder in Kombination aber ebenfalls hervorragende Marmeladen. Süße Orangen oder Mandarinen werden dagegen am besten mit Zitronen gemischt – nicht nur, um den Geschmack zu verbessern, sondern auch damit sie besser gelieren. Die Rezepte reichen von klarem Gelee mit feinen Zitrusschalenstreifen bis hin zu dunkleren, kräftigeren Versionen mit größeren Stücken.*

Mincemeat ist eine typisch englische Mischung aus gemahlenen Gewürzen, gehackten getrockneten Früchten, grob geriebenen oder gekochten Äpfeln und Zucker, die mit Weinbrand oder Whisky eingelegt wird. Mincemeat wird meist nicht gekocht und ist deshalb ideal für unerfahrene Köche. Manche Rezepte benutzen jedoch leicht gedünstete frische Früchte statt der traditionell geriebenen.

Dunkle Orangen-Zitronen-Marmelade *Der Muscovado-Zucker gibt dieser Marmelade einen kräftigen, reichhaltigen Geschmack. Für eine etwas bitterere Marmelade kann man die Orangen durch Bitterorangen ersetzen.*

Ergibt: etwa 2 kg

Vorbereitung: 30 Min. plus Zeit zum Stehen

Kochzeit: 2 Std.

2 große unbehandelte Orangen, fein gehackt und entkernt

4 große unbehandelte Zitronen, fein gehackt und entkernt

1,8 l Wasser

1 kg Zucker

250 g Muscovado-Zucker

1 Die Früchte mit dem Wasser in einen großen Topf geben. Aufkochen, die Hitze reduzieren, abdecken und 1 1/2 Std. köcheln lassen.

2 Beide Zuckersorten hinzufügen und bei geringer Hitze rühren, bis der Zucker sich vollständig aufgelöst hat. Aufkochen und bis zum Gelieren sprudelnd kochen lassen. Eventuell entstehenden Schaum mit einem Schaumlöffel entfernen, dann die Marmelade 15 Min. stehen lassen.

3 Umrühren und in warme, trockene Gläser füllen und vollständig abkühlen lassen. Kalt mit luftdichten Deckeln oder Zellophan verschließen. Beschriften und an einem kühlen, dunklen Ort lagern. Die Marmelade hält sich 3–4 Monate.

Dunkle Orangen-Zitronen-Marmelade

Bitterorangenmarmelade

Bitterorangen sind nur im Januar für kurze Zeit im Handel erhältlich. Roh schmecken sie sehr bitter, ergeben aber die beste Marmelade.

Ergibt: etwa 3,25 kg
Vorbereitung: 45 Min. plus Zeit zum Stehen
Kochzeit: 2 ³/₄ Std.

1 kg unbehandelte Bitterorangen
2,5 l Wasser
2 kg Zucker
Saft von 3 Zitronen

1 Die Schale der Orangen dünn abschälen und in feine Streifen schneiden. Früchte halbieren und den Saft auspressen. Orangenschale, -saft und Wasser in einen großen Topf geben. Die Reste der Orangenschalen hacken und in ein Musselinsäckchen binden. In den Topf geben und die Mischung langsam aufkochen. Die Hitze reduzieren, abdecken und 2 Std. köcheln lassen.

2 Vom Herd nehmen und stehen lassen, bis das Musselinsäckchen soweit abgekühlt ist, dass man es anfassen kann. Gut auspressen und wegwerfen.

3 Zucker und Zitronensaft hinzufügen und bei geringer Hitze rühren, bis der Zucker sich vollständig aufgelöst hat. Aufkochen und bis zum Gelieren sprudelnd kochen lassen. Eventuell entstehenden Schaum mit einem Schaumlöffel entfernen, dann die Marmelade 15 Min. stehen lassen.

4 Umrühren und in warme, trockene Gläser füllen und vollständig abkühlen lassen. Kalt mit luftdichten Deckeln oder Zellophan verschließen. Beschriften und an einem kühlen, dunklen Ort lagern. Die Marmelade hält sich 3–4 Monate.

Schnelle Dreifrucht-Marmelade *Wenn man Marmelade in kürzerer Zeit herstellen will, verkürzt die Küchenmaschine in dieser Version die Vorbereitungszeit.*

Ergibt: 2,25 kg

Vorbereitung: 30 Min. plus Zeit zum Abseihen und Stehen

Kochzeit: etwa 1 1/4 Std.

4 unbehandelte Orangen
3 unbehandelte Limetten
2 unbehandelte Zitronen
1,5 l Wasser
1,5 kg Einmach- oder normaler Haushaltszucker

1 Die Früchte dünn abschälen, dabei die weiße Innenhaut zurücklassen. Schalen in der Küchenmaschine fein hacken, auf einen Teller geben und beiseite stellen.

2 Früchte halbieren und in zwei Portionen ebenfalls in der Küchenmaschine grob hacken, dann mit dem Wasser in einen großen Topf geben. Abdecken und aufkochen, die Hitze reduzieren und 45 Min. köcheln lassen, bis die weißen Schalenteile ganz weich sind.

3 Die Mischung in ein feines Sieb geben und über einer Schüssel 30 Min. abtropfen lassen. Mit einem Löffelrücken den restlichen Saft auspressen und mit den gehackten äußeren Schalen zurück in den Topf geben. Abdecken und in 15 Min. weich köcheln. In der Zwischenzeit den Zucker in einem tiefen Blech im warmen Ofen (s. S. 9) 10 Min. anwärmen.

4 Angewärmten Zucker in den Topf geben und bei geringer Hitze rühren, bis der Zucker sich vollständig aufgelöst hat. Aufkochen und ohne Deckel 10–15 Min. kochen lassen, dabei bis zum Gelieren alle 5 Min. eine Gelierprobe machen. Eventuell entstehenden Schaum mit einem Schaumlöffel entfernen, dann die Marmelade 15 Min. stehen lassen.

5 Umrühren und in warme, trockene Gläser füllen und vollständig abkühlen lassen. Kalt mit luftdichten Deckeln oder Zellophan verschließen. Beschriften und an einem kühlen, dunklen Ort lagern. Die Marmelade hält sich 6–12 Monate.

Ingwermarmelade

Selbst gemachte Marmelade ist immer besser als gekaufte, dies trifft aber besonders für etwas ungewöhnlichere Varianten zu. Für noch mehr Würze einfach mehr Ingwer hinzufügen.

Ergibt: etwa 2,25 kg
Vorbereitung: 30 Min. plus Zeit zum Stehen
Kochzeit: 2 3/4 Std.

8 unbehandelte Zitronen

2 große unbehandelte Orangen

2,5 l Wasser

125 g frischer Ingwer, dünn geschält und in feine Streifen geschnitten

1,5 kg Zucker

1 Die Schale der Früchte dünn abschälen und in feine Streifen schneiden. Früchte halbieren, den Saft auspressen und mit Schalen, Wasser und Ingwer in einen großen Topf geben.

2 Übrige Zitronen- und Orangenhälften hacken und in ein Musselinsäckchen binden. In den Topf legen und die Mischung langsam aufkochen. Die Hitze reduzieren, abdecken und 2 Std. köcheln lassen, bis Ingwer und Schalen ganz weich sind. Vom Herd nehmen und stehen lassen, bis das Musselinsäckchen soweit abgekühlt ist, dass man es anfassen kann. Gut auspressen und wegwerfen.

3 Den Zucker hinzufügen und bei geringer Hitze rühren, bis der Zucker sich vollständig aufgelöst hat. Aufkochen und bis zum Gelieren sprudelnd kochen lassen. Eventuell entstehenden Schaum mit einem Schaumlöffel entfernen, dann die Marmelade 15 Min. stehen lassen.

4 Umrühren und in warme, trockene Gläser füllen und vollständig abkühlen lassen. Kalt mit luftdichten Deckeln oder Zellophan verschließen. Beschriften und an einem kühlen, dunklen Ort lagern. Die Marmelade hält sich 3–4 Monate.

Limettenmarmelade

Diese Marmelade ist aromatisch, säuerlich und köstlich. Limetten sind zwar recht teuer, doch die Ausbeute ist bei diesem Rezept recht hoch, was für die anfänglichen Kosten entschädigt.

Ergibt: etwa 2,25 kg
Vorbereitung: 30 Min. plus Zeit zum Stehen
Kochzeit: 2¼ Std.

6 unbehandelte Limetten, gewaschen, getrocknet und längs geviertelt

2 unbehandelte Zitronen, gewaschen, getrocknet und längs geviertelt

1,5 l Wasser

1,5 kg Zucker

1 Limetten in lange, sehr dünne Scheiben schneiden und alle Kerne entfernen. Mit den Zitronen genauso verfahren und beide in einen großen Topf geben. Wasser hineingeben und aufkochen, die Hitze reduzieren, abdecken und 1½ Std. köcheln lassen.

2 Den Zucker hinzufügen und bei geringer Hitze rühren, bis der Zucker sich vollständig aufgelöst hat. Aufkochen und bis zum Gelieren sprudelnd kochen lassen. Eventuell entstehenden Schaum mit einem Schaumlöffel entfernen, dann die Marmelade 15 Min. stehen lassen.

3 Umrühren und in warme, trockene Gläser füllen und vollständig abkühlen lassen. Kalt mit luftdichten Deckeln oder Zellophan verschließen. Beschriften und an einem kühlen, dunklen Ort lagern. Die Marmelade hält sich 3–4 Monate.

Würziges Cranberry-Mincemeat mit Portwein

Dieses luxuriöse Mincemeat vereint alle englischen Weihnachtsaromen in einem Glas. Für Mince Pies an Weihnachten einfach auf Mürbeteigböden geben und backen.

Ergibt: 1,6 kg

Vorbereitung: 20 Min. plus Zeit zum Ziehen

Kochzeit: 5 Min.

250 g Cranberries

1 großer Kochapfel, etwa 375 g, geschält, entkernt und gewürfelt

500 g gemischte, getrocknete Früchte

1 TL gemahlener Zimt

1/2 TL frisch geriebene Muskatnuss

1/4 TL gemahlene Nelken

200 g weicher brauner Zucker

125 g Pflanzenfett

abgeriebene Schale von 1 unbehandelten Orange

125 ml roter Portwein

1 Cranberries und Apfel mit 3 EL Wasser in einen Topf geben und ohne Deckel 5 Min. kochen. Dabei gelegentlich umrühren, bis die Früchte weich sind, ihre Form aber noch behalten. Im Topf abkühlen lassen.

2 Getrocknete Früchte in eine Schüssel geben und mit den restlichen Zutaten mischen. Die abgekühlten gekochten Früchte unterrühren, die Schüssel abdecken und über Nacht ziehen lassen.

3 Die Mischung erneut umrühren und in warme, trockene Gläser füllen und mit einem luftdichten Deckel verschließen. Beschriften und vor dem Verzehr an einem kühlen, dunklen Ort 3–4 Wochen ziehen lassen. Ungeöffnet 6 Monate haltbar.

Tipp

• Wenn man das traditionellere englische Mincemeat bevorzugt, kann man die getrockneten Früchte vorher in der Küchenmaschine fein hacken.

Würziges Cranberry-Mincemeat mit Portwein

Aprikosen-Ingwer-Mincemeat *Getrocknete Aprikosen und kandierter Ingwer vereinen sich hier zu einem ungewöhnlichen, aber köstlichen Mincemeat. Eine Alternative zum Füllen von traditionell englischen Mince Pies zu Weihnachten.*

Ergibt: etwa 2 kg

Vorbereitung: 30 Min. plus Zeit zum Ziehen

50 g kandierter Ingwer, fein gehackt
250 g getrocknete Aprikosen, fein gehackt
250 g Rosinen, fein gehackt
175 g Sultaninen, fein gehackt
175 g Korinthen
50 g gehacktes gemischtes Zitronat und Orangeat
50 g geschälte Mandeln, gehackt
250 g Kochäpfel, geschält, entkernt und geraspelt
Saft und abgeriebene Schale von 3 unbehandelten Orangen
Saft und abgeriebene Schale von 2 unbehandelten Zitronen
250 g weicher brauner Zucker
375 g Karotten, geschält und geraspelt
1/4 TL frisch gemahlene Muskatnuss
1/2 TL Lebkuchengewürz oder Mixed Spice
150 ml Weinbrand
4 EL Rum

1 Ingwer, Aprikosen, Rosinen, Sultaninen, Korinthen, Orangeat, Zitronat und Mandeln in eine große Schüssel geben.

2 Äpfel in eine zweite Schüssel geben und mit Orangen- und Zitronenschale und -saft mischen. Mit dem Zucker unter die getrockneten Früchte rühren.

3 Nun Karotten, Gewürze, Weinbrand und Rum dazugeben, die Schüssel abdecken und 2 Tage ziehen lassen, dabei gelegentlich umrühren.

4 Das Mincemeat in saubere, trockene Gläser füllen und mit einem luftdichten Deckel verschließen. Beschriften und vor dem Verzehr an einem kühlen, dunklen Ort 3–4 Wochen ziehen lassen. Ungeöffnet bis zu 6 Monate haltbar.

Traditionelles Mincemeat *Früher bestand Mincemeat aus Hackfleisch und getrockneten Früchten, aber über die Jahre ist daraus eine Mischung aus Nierenfett, getrockneten Früchten, Äpfeln und Weinbrand oder Rum geworden.*

Ergibt: etwa 2 kg

Vorbereitung: 30 Min. plus Zeit zum Ziehen

250 g Rosinen, zermahlen oder fein gehackt

250 g Sultaninen, zermahlen oder fein gehackt

250 g Korinthen, zermahlen oder fein gehackt

250 g zerkleinertes Nierenfett

125 g gehacktes gemischtes Orangeat und Zitronat

125 g geschälte Mandeln, gehackt

500 g Kochäpfel, geschält, entkernt und geraspelt

1 große Karotte, geschält und geraspelt

Saft und abgeriebene Schale von 1 unbehandelten Orange

Saft von 2 Zitronen

250 g weicher, dunkler brauner Zucker

1/2 TL frisch geriebene Muskatnuss

1/2 TL gemahlener Zimt

150 ml Weinbrand oder Rum

4 EL trockener Sherry

1 Rosinen, Sultaninen, Korinthen, Orangeat und Zitronat in einer Schüssel mit dem Nierenfett vermischen. Mandeln, Äpfel, Karotte, Orangensaft und -schale, Zitronensaft und Zucker unterrühren, dann die Gewürze untermengen und Weinbrand oder Rum und Sherry darüber gießen.

2 Alle Zutaten gut vermischen, abdecken und 2 Tage ziehen lassen, dabei öfter umrühren.

3 Das Mincemeat in saubere, trockene Gläser füllen und mit einem luftdichten Deckel verschließen. Beschriften und vor dem Verzehr an einem kühlen, dunklen Ort 3–4 Wochen ziehen lassen. Ungeöffnet bis zu 6 Monate haltbar.

Variation

Für eine etwas billigere Version kann man 150 ml Sherry und nur 4 EL Weinbrand oder Rum verwenden.

Chutneys und Pickles *Für unerfahrene Köche sind die folgenden Rezepte ideal, da man keine Gelierprobe machen muss. Für Chutneys und gekochte Relishes zerkleinert oder würfelt man eine Mischung aus Früchten und Gemüse, gibt sie mit Zucker, Essig und Gewürzen in einen Topf und kocht sie, bis die Mischung dick ist. Die Gewürze können so einfach oder exotisch sein, wie Sie es mögen. Für thailändisch inspirierte Rezepte passen Limettenblätter, Thai-Ingwer, Ingwer oder Zitronengras, indische Rezepte enthalten oft Kurkuma, Paprika, Kardamom, Ingwer, Kreuzkümmel und Koriander, und für mediterrane Rezepte können Sie Knoblauch und Kräuter, Wachholderbeeren, Piment und Zimt verwenden.*

Pickles sind meist größere Stücke, ganze Früchte oder Gemüse, die in gewürztem und gesüßtem Essig eingelegt werden. Anders als bei Chutneys sind die eingemachten Früchte oder Gemüse meist roh.

Grünes Tomaten-Chutney *Wer selbst Tomaten anbaut, hat am Ende der Saison meist einige unreife Früchte übrig. Werfen Sie unreife Tomaten nicht weg, aus ihnen kann ein leckeres Chutney entstehen.*

Ergibt: etwa 2 kg
Vorbereitung: 15 Min.
Kochzeit: 1 Std. 40 Min.

1 kg grüne Tomaten, fein gehackt

500 g Zwiebeln, fein gehackt

500 g Kochäpfel, geschält, entkernt und gehackt

2 frische grüne Chili, halbiert, entkernt und fein gehackt

2 Knoblauchzehen, zerdrückt

1 TL gemahlener Ingwer

eine großzügige Prise Nelken

eine großzügige Prise gemahlene Kurkuma

50 g Rosinen

250 g weicher, dunkler, brauner Zucker

300 ml Weißweinessig

1 Tomaten, Zwiebeln, Äpfel und Chili in einem großen Topf vermischen. Knoblauch, Ingwer, Nelken und Kurkuma dazugeben, dann Rosinen, Zucker und Essig unterrühren.

2 Aufkochen, die Hitze reduzieren und abdecken. Unter häufigem Rühren 1¼–1½ Std. köcheln lassen, bis das Chutney dick eingekocht ist.

3 In warme, trockene Gläser geben und mit einem luftdichten Deckel verschließen. Beschriften und vor dem Verzehr an einem kühlen, dunklen Ort 3 Wochen ziehen lassen. Ungeöffnet 6–12 Monate haltbar.

Grünes Tomaten-Chutney

Rote-Zwiebel-Rosinen-Chutney *Dieses Chutney ist schnell und einfach zubereitet. Auf Brot schmeckt es gut mit gegrilltem Käse, Schinken und Wurst.*

Ergibt: 1,4 kg
Vorbereitung: 15 Min.
Kochzeit: 35–40 Min.

3 EL natives Olivenöl

1,5 kg rote Zwiebeln, halbiert und in dünne Ringe geschnitten

250 g weicher, brauner Zucker

300 ml Rotweinessig

200 g Rosinen

3 Knoblauchzehen, fein gehackt

3 Lorbeerblätter

1 EL grober Senf

1/2 TL geräuchertes Paprikapulver

1/2 TL Salz

frisch gemahlener schwarzer Pfeffer

1 Öl in einem großen Topf erhitzen, die Zwiebeln hinzufügen und 10 Min. sanft dünsten, bis sie weich, aber noch nicht gebräunt sind.

2 Vom Zucker 3 EL unterrühren und weitere 15 Min. braten, bis die Zwiebeln gerade anfangen zu bräunen.

3 Den restlichen Zucker und die übrigen Zutaten hinzufügen, gut vermischen und ohne Deckel unter gelegentlichem Rühren 10–15 Min. köcheln lassen, bis die Zwiebeln weich sind und die Flüssigkeit reduziert und eingedickt ist.

4 Chutney in warme, trockene Gläser füllen und mit einem luftdichten Deckel verschließen. Beschriften und abkühlen lassen. An einem kühlen, dunklen Ort 6–12 Monate haltbar.

Variation

An Weihnachten passt es gut, die Rosinen zur Hälfte oder ganz durch Preiselbeeren und etwas mehr Zucker zu ersetzen.

Pfirsich-Dattel-Chutney *Der zarte Geschmack der Pfirsiche passt gut zu reifem, weichen Brie, fettreichem weichen Käse und gebratenem Geflügel. Besonders gut mit kaltem gebratenen Putenfleisch.*

ERGIBT: 1,5–2 kg
VORBEREITUNG: 10 Min.
KOCHZEIT: 50 Min.

12 Pfirsiche
500 g Zwiebeln
2 Knoblauchzehen, zerdrückt
2 EL geriebener frischer Ingwer
125 g entkernte Datteln, gehackt
250 g Demerarazucker
300 ml Rotweinessig
Salz und frisch gemahlener schwarzer Pfeffer

1 Pfirsiche in eine große Schüssel geben, mit kochendem Wasser bedecken und 1 Min. stehen lassen, dann abgießen und schälen. Die Früchte halbieren, entsteinen und in dicke Spalten schneiden.

2 Zwiebeln mit Pfirsichen, Knoblauch, Ingwer, Datteln, Zucker und Essig in einen großen Topf geben. Großzügig mit Salz und Pfeffer bestreuen, aufkochen und rühren, bis der Zucker sich aufgelöst hat.

3 Die Hitze reduzieren, abdecken und unter häufigem Rühren 45 Min. köcheln lassen, bis das Chutney dick genug ist.

4 In warme, trockene Gläser füllen und mit einem luftdichten Deckel verschließen. Beschriften und vor dem Verzehr an einem kühlen, dunklen Ort 2 Wochen reifen lassen. Ungeöffnet 6–12 Monate haltbar.

Kastanien-Chutney mit roten Zwiebeln und Fenchel

Einfach und schnell herzustellen macht dieses Chutney aus Blauschimmelkäse, Brot und kaltem Braten ein einfaches und schnelles Mittagessen.

Ergibt: etwa 625 g

Vorbereitung: 15 Min.

Kochzeit: 1½ Std.

60 ml Olivenöl

4 große rote Zwiebeln, in dünne Ringe geschnitten

1 Fenchelknolle, geputzt und in dünnen Scheiben geschnitten

250 g gekochte, geschälte Kastanien, halbiert

100 g weicher brauner Zucker

125 ml Apfelessig

125 ml süßer Sherry oder Marsalawein

frisch gemahlener schwarzer Pfeffer

1 Öl in einem großen Topf erhitzen, Zwiebeln und Fenchel hineingeben und 25–30 Min. braten, bis die Zwiebeln sehr weich sind.

2 Kastanien, Zucker, Essig und Sherry in den Topf geben, gut mit Pfeffer würzen und umrühren. Ohne Deckel unter gelegentlichem Rühren etwa 1 Std. sanft köcheln lassen, bis das Chutney dick eingekocht ist.

3 In warme, trockene Gläser füllen und mit einem luftdichten Deckel verschließen. Beschriften und vor dem Verzehr vollständig abkühlen lassen. An einem kühlen, dunklen Ort oder im Kühlschrank lagern. Etwa 3–4 Monate haltbar.

Kastanien-Chutney mit roten Zwiebeln und Fenchel

Tamarinden-Dattel-Chutney *Das süß-saure Relish passt gut zu indischem Essen, ist aber auch auf einem einfachen Käsebrot wunderbar.*

Ergibt: etwa 200 g
Zubereitung: 10 Min.

200 g entsteinte getrocknete Datteln, grob gehackt

1 EL Tamarindenpaste

1 TL gemahlener Kreuzkümmel

1 TL Chilipulver

1 EL Tomatenketchup

200 ml Wasser

Meersalz

1 Alle Zutaten in die Küchenmaschine geben und glatt pürieren.

2 In eine Schüssel geben, abdecken und bis zum Verzehr im Kühlschrank aufbewahren. Im Kühlschrank etwa 3 Tage haltbar.

Mango-Apfel-Chutney mit Minze *Passt zu fast jedem Essen, aber besonders zu scharf gewürzten Fischfrikadellen.*

Ergibt: etwa 200 g
Zubereitung: 10 Min.

1 grüne Mango, geschält, entsteint und grob gehackt

1 kleiner Apfel, geschält, entkernt und grob gehackt

1 TL Meersalz

1 EL gehackte Minzeblätter

1 TL mildes Chilipulver

1 TL weicher, brauner Zucker

150 ml Wasser

1 Alle Zutaten in die Küchenmaschine geben und glatt pürieren.

2 In eine Schüssel geben, abdecken und bis zum Verzehr im Kühlschrank aufbewahren.

Chili-Knoblauch-Chutney

Vorsicht – dieses Chutney ist sehr scharf. Es passt zu Curries oder kann mit Naturjoghurt vermischt werden. Wenn man Fleisch vor dem Garen damit einreibt, ergibt es eine leckere Marinade.

Ergibt: 750–1000 g
Vorbereitung: 15 Min.
Kochzeit: 30 Min.

500 g frischer Chili, rot oder grün
6 Knoblauchzehen, zerdrückt
4 EL gemahlener Kreuzkümmel
2 EL gemahlene Kurkuma
1 große Zwiebel, fein gehackt
1 EL Salz
25 g frischer Ingwer, gerieben
300 ml Erdnussöl
3 EL Muscovado-Zucker
300 ml Weißweinessig

1 Die Stiele der Chili entfernen und mit Kernen fein hacken.

2 Chili, Knoblauch, Kreuzkümmel, Kurkuma, Zwiebel, Salz, Ingwer und Öl in einen Topf geben und 15 Min. anbraten, dabei häufig umrühren. Zucker und Essig dazugeben, aufkochen, abdecken und das Chutney unter gelegentlichem Rühren 10 Min. kochen lassen.

3 In heiße, trockene Gläser füllen und mit einem luftdichten Deckel verschließen. Beschriften und vor dem Servieren vollständig abkühlen lassen. An einem kühlen, dunklen Ort oder im Kühlschrank aufbewahren. Etwa 12 Monate haltbar. Vor dem Verwenden umrühren, da sich bei längerer Lagerung das Öl absetzt.

Senfgemüse

Der englische Klassiker Piccalilli ist meist ziemlich scharf und hat noch Biss. Er wird mit kaltem Fleisch wie Schinken oder Schweinebraten serviert, kann aber auch ein Käsebrot aufpeppen.

Ergibt: etwa 1 kg

Vorbereitung: 10 Min. plus Zeit zum Ziehen

Kochzeit: 25 Min.

1 kleiner Blumenkohl, in kleine Röschen zerteilt, dicke Stiele entfernt

1/2 Gurke, dünn geschält und grob gehackt

2 Zwiebeln, gehackt

2 große Karotten, geschält und in Stücke geschnitten

etwa 50 g Salz

2 EL Mehl

300 ml Apfelessig

250 g Zucker

1/2 TL gemahlene Kurkuma

1/2 TL gemahlener Ingwer

2 TL Senfpulver

frisch gemahlener schwarzer Pfeffer

1 Gemüse in eine große Schüssel schichten, jede Lage mit Salz bestreuen, abdecken und über Nacht ziehen lassen. Am nächsten Tag kurz abspülen und gut abtrocknen.

2 Mehl mit etwas Essig zu einer glatten Paste verrühren. Den restlichen Essig mit Zucker, Gewürzen und Senf bei geringer Hitze unter ständigem Rühren erhitzen, bis der Zucker sich vollständig aufgelöst hat. Aufkochen, großzügig mit Pfeffer würzen und das Gemüse dazugeben. Wieder aufkochen, die Hitze reduzieren und ohne Deckel 10 Min. köcheln lassen.

3 Topf vom Herd nehmen und die Mehlmischung nach und nach unterrühren. Zurück auf den Herd stellen, wieder aufkochen und weitere 5 Min. köcheln lassen. In warme, trockene Gläser füllen und mit einem luftdichten Deckel verschließen. Beschriften und vollständig abkühlen lassen. An einem kühlen, dunklen Ort oder im Kühlschrank aufbewahren. Etwa 6–9 Monate haltbar.

Senfgemüse

Saures Kürbis-Zwiebelgemüse *Dieses süßsaure Gemüse passt gut zu gekochtem oder gebackenem Schinken, Braten oder Bratwurst.*

Ergibt: etwa 2,75 kg

Vorbereitung: 30 Min. plus Zeit zum Ziehen

Kochzeit: 1 3/4 Std.

1 mittlerer Eierkürbis, etwa 2 kg, geschält, längs halbiert und entkernt

1 kg kleine Zwiebeln zum Einlegen, halbiert

1 grüne oder rote Paprika

250 g entsteinte Datteln

1 EL frisch geriebener Ingwer

600 ml gewürzter Essig (s. S. 105)

500 g Demerarazucker

Salz

1 Das Kürbisfleisch in Stücke schneiden und mit den Zwiebeln in eine große Schüssel schichten. Jede Lage mit Salz bestreuen, abdecken und über Nacht ziehen lassen. Am nächsten Tag kurz abspülen und gut abtrocknen.

2 Das gesalzene Gemüse in einen großen Topf geben. Paprika putzen, entkernen und das Fruchtfleisch fein hacken. Datteln fein hacken. Beides mit Ingwer, Essig und Zucker in den Topf geben. Aufkochen und alles gut miteinander vermischen. Die Hitze reduzieren, abdecken und unter häufigem Rühren 1 1/2 Std. köcheln lassen, bis die Mischung dick eingekocht ist.

3 In warme, trockene Gläser füllen und mit luftdichten Deckeln verschließen. Beschriften und vor dem Verzehr an einem kühlen, dunklen Ort 2 Wochen ziehen lassen. Ungeöffnet etwa 6 Monate haltbar.

Eingelegte rote Paprika *Die Kombination aus Datteln und Paprika lässt diese Pickle-Variante hervorragend zu mildem Käse, einfachen Pizzas oder kalten Pies passen.*

Ergibt: etwa 1,5 kg

Vorbereitung: 25 Min.

Kochzeit: etwa 2 Std.

3 große rote Paprika, halbiert, entkernt und gehackt

500 g Kochäpfel, halbiert, entkernt und in Scheiben

500 g Zwiebeln, gehackt

250 g entsteinte Datteln, gehackt

250 g weicher, dunkler brauner Zucker

300 ml Rotweinessig

1/2 TL Salz

1 Alle Zutaten in einem großen Topf vermischen und langsam aufkochen.

2 Die Hitze reduzieren, abdecken und unter gelegentlichem Rühren etwa 1 Std. köcheln lassen. Den Deckel abnehmen und weitere 45 Min. köcheln lassen. Überschüssige Flüssigkeit sollte nun verdampft und die Mischung dick eingekocht sein.

3 In warme, trockene Gläser füllen und mit luftdichten Deckeln verschließen. Beschriften und vor dem Verzehr an einem kühlen, dunklen Ort 2 Wochen ziehen lassen. Ungeöffnet etwa 9 Monate haltbar.

Limetten-Pickle *Eingelegte Limetten passen zu vielen indischen Gerichten oder einfach zu Reis, Joghurt und einem einfachen Dhal.*

Ergibt: 500 g
Vorbereitung: 10 Min.
Kochzeit: 5 Min.

10 unbehandelte Limetten, in je 6 Spalten geschnitten

125 g Meersalz

1 EL Bockshornkleesamen

1 EL schwarze Senfsamen

1 EL Chilipulver

1 EL gemahlene Kurkuma

300 ml Pflanzenöl

½ TL gemahlener Asant

1 Limetten in ein großes Glas geben und mit Salz bedecken.

2 Bockshornklee und Senfsamen in einer kleinen antihaftbeschichteten Pfanne trocken anrösten und mit Mörser und Stößel oder einer Gewürzmühle mahlen.

3 Gemahlene Samen, Chili und Kurkuma zu den Limetten geben und gut vermischen.

4 Öl in einer kleinen Pfanne erhitzen bis es raucht, den Asant hinzufügen und 30 Sek. anbraten. Das Öl über die Limetten gießen und gut vermischen.

5 Das Glas mit einem sauberen Tuch abdecken und 10 Tage an einem hellen, warmen Platz ziehen lassen. Mit einem luftdichten Deckel verschließen. Beschriften und an einem kühlen, dunklen Ort bis zu 2 Monate aufbewahren.

Relish, Senf und Würzsaucen *Diese aromatischen Beilagen peppen selbst das einfachste Essen auf. Im Gegensatz zu Chutneys und Pickles werden sie nur in kleinen Mengen serviert, besonders Senf, der sehr unterschiedlich scharf sein kann. Weiße Senfsamen ergeben den mildesten Senf, braune einen mittelscharfen und schwarze Senfsamen einen sehr scharfen Senf. Die grob zerdrückten oder fein gemahlenen Samen können mit einer Reihe von Gewürzen und Süßungsmitteln versetzt werden. Die Palette reicht von Chili, Knoblauch und Kräutern bis zu Honig, braunem Zucker oder sogar Rotwein und Champagner.*

Relishes können aus rohem oder gekochtem Gemüse hergestellt werden und sind wie Senf oft ziemlich scharf. Ihre Gewürze sind oft von den indischen und mitteleuropäischen Küchen beeinflusst, während Ketchup und andere Würzsaucen eher aus dem viktorianischen England stammen. Ketchups müssen hitzebehandelt oder sterilisiert werden, damit sie sich länger halten. Bei Senf oder Relishes, die Essig beinhalten, ist dies nicht der Fall.

Rote-Bete-Apfel-Relish *Relishes sind meist recht scharf und passen hervorragend zu gegrilltem Fleisch. Die Rote Bete gibt diesem Rezept einen besonders frischen Geschmack.*

Ergibt: etwa 1,5 kg

Vorbereitung: 15 Min.

Kochzeit: $1\,^{3}/_{4}$ Std.

500 g Kochäpfel, geschält, halbiert und entkernt

500 g Rote Bete, roh und geschält

375 g Zwiebeln, fein gehackt

1 EL frischer Ingwer, fein gehackt

2 große Knoblauchzehen, zerdrückt

1 TL Paprika

1 TL gemahlene Kurkuma

1 Zimtstange

250 g weicher, dunkler brauner Zucker

450 ml Rotweinessig

1 Äpfel und Rote Bete in einen großen Topf raspeln und die übrigen Zutaten hinzufügen.

2 Aufkochen, die Hitze reduzieren und den Topf abdecken. Unter gelegentlichem Rühren etwa $1\,^{1}/_{2}$ Std. köcheln lassen, bis das Relish dick eingekocht und die Rote Bete weich ist.

3 In warme, trockene Gläser füllen und mit einem luftdichten Deckel verschließen. Beschriften und vor dem Verzehr an einem kühlen, dunklen Ort mindestens 1 Woche ziehen lassen oder ungeöffnet etwa 6–9 Monate lagern.

Rote-Bete-Apfel-Relish

Würziges Ingwer-Kokos-Relish *Dieses südindische Relish passt zu fast jedem Essen und ist trotz der vielen Zutaten schnell und einfach herzustellen.*

Ergibt: etwa 200 g
Vorbereitung: 10 Min.
Kochzeit: 2–3 Min.

2 EL geraspelter frischer Ingwer
2 Knoblauchzehen, grob gehackt
1 EL geraspelte frische Kokosnuss oder
2 EL getrocknete Kokosraspel
2 frische grüne Chili, halbiert und entkernt
1 TL Meersalz
1 TL Zucker
150 ml Naturjoghurt, verschlagen
2 EL Pflanzenöl
1 TL schwarze Senfsamen
6–8 Curryblätter

1 Ingwer, Knoblauch, Kokosraspel, Chili, Salz und Zucker in der Küchenmaschine glatt pürieren. Joghurt dazugeben und einige Sekunden weiter pürieren, dann in eine Schüssel geben und beiseite stellen.

2 Öl in einer kleinen antihaftbeschichteten Pfanne erhitzen und Senfsamen und Curryblätter hineingeben. Vom Herd nehmen, sobald die Senfsamen zu springen beginnen, und das gewürzte Öl in die Joghurtmischung gießen und gut verrühren. Im Kühlschrank eine Woche haltbar.

Blumenkohl-Relish *Blumenkohl sollte niemals zu lange gekocht werden, da dadurch Konsistenz und Geschmack ruiniert werden. Dieses Relish ist eine leckere, knackige Beilage zu Fleischspießen und Samosas.*

Ergibt: etwa 400 g
Vorbereitung: 10 Min.
Kochzeit: 7–8 Min.

2 EL Pflanzenöl
2 TL schwarze Senfsamen
½ TL gemahlene Kurkuma
½ TL Asant
1 kleiner Blumenkohl, in mundgerechte Stücke zerteilt
1 rote Zwiebel, fein gehackt
1 frische grüne Chili, halbiert, entkernt und fein gehackt
Zitronensaft
Meersalz

1 Öl in einer großen antihaftbeschichteten Pfanne erhitzen und Senfsamen, Kurkuma und Asant hineingeben. Wenn die Senfsamen zu springen beginnen, Blumenkohl, Zwiebel und Chili dazugeben. Etwa 5 Min. unter Rühren anbraten und vom Herd nehmen. Der Blumenkohl sollte noch bissfest sein.

2 Mit Zitronensaft und Meersalz abschmecken und bei Zimmertemperatur servieren.

Mais-Relish

Keine Rezeptsammlung von Pickles und Relishes wäre ohne amerikanisches Mais-Relish vollständig. Es wird traditionell mit Hamburgern serviert, passt aber auch zu Pizza, kaltem Braten und Käse.

ERGIBT: etwa 1,5 kg
VORBEREITUNG: 15 Min.
KOCHZEIT: 30 Min.

4 EL Maiskeimöl
2 große Zwiebeln, fein gehackt
1 grüne Paprika, entkernt und fein gehackt
1 rote Paprika, entkernt und fein gehackt
4 Selleriestangen, fein gehackt
1 TL Salz
1 große Knoblauchzehe, zerdrückt
2 Karotten, geschält und klein gewürfelt
50 g Zucker
2 TL Senfpulver
750 g tiefgekühlte Maiskörner
450 ml Essig

1 Öl in einem großen Topf erhitzen, Zwiebeln, Paprika und Sellerie hineingeben. Weich aber nicht braun braten, dann Salz und Knoblauch dazugeben.

2 Die restlichen Zutaten in den Topf geben und aufkochen. Die Hitze reduzieren und ohne Deckel 15 Min. kochen, dabei gelegentlich umrühren.

3 Relish in warme, trockene Gläser füllen, das Gemüse gut in die Kochflüssigkeit drücken, mit luftdichten Deckeln verschließen und abkühlen lassen.

4 Dieses Relish muss nicht ziehen. Wenn es nicht sofort verzehrt wird, beschriften und an einem kühlen, dunklen Ort bis zu 6 Monate lagern.

Tomatenketchup *Selbst gemachtes Ketchup ähnelt dem gekauften Produkt nur entfernt. Es kann aus Tomaten oder anderem Gemüse hergestellt und mild oder scharf sein.*

ERGIBT: etwa 1,2 l

VORBEREITUNG: 15 Min.

KOCHZEIT: 1 Std.

1,5 kg grob gehackte reife Tomaten (vorzugsweise selbst gezogen oder eine besonders aromatische Sorte)

500 g Zwiebeln, grob gehackt

125 g Zucker

3 EL Senfpulver

3 Knoblauchzehen, zerdrückt

1 TL Salz

150 ml Rotweinessig

1 Alle Zutaten in einen Topf geben und gut vermischen. Aufkochen, die Hitze reduzieren und ohne Deckel unter gelegentlichem Rühren etwa 45 Min. köcheln lassen.

2 Leicht abkühlen lassen und in der Küchenmaschine oder mit dem Pürierstab pürieren. Durch ein Sieb drücken und zurück in den ausgespülten Topf geben.

3 Kurz aufkochen und vom Herd nehmen. Ketchup in warme, trockene Flaschen füllen und mit luftdichten Deckeln verschließen. Beschriften und abkühlen lassen. An einem kühlen, dunklen Ort etwa 6 Monate haltbar.

Tomatenketchup

Champignonketchup *Dieses einfache Rezept ergibt eine leckere Sauce, die zu Fleischeintöpfen, Hackbraten und dunklen Saucen passt.*

Ergibt: 600 ml
Vorbereitung: 10 Min.
Kochzeit: 45 Min.

375 g große Champignons, geviertelt
300 ml Rot- oder Weißweinessig
1 EL Salz
125 g weicher, dunkler brauner Zucker
frisch gemahlener schwarzer Pfeffer

1 Alle Zutaten in einen Topf geben, großzügig mit Pfeffer bestreuen und aufkochen. Häufig umrühren, um die Pilze gut mit den restlichen Zutaten zu vermischen. Die Hitze reduzieren, abdecken und unter gelegentlichem Rühren 30–40 Min. köcheln lassen.

2 Leicht abkühlen lassen und pürieren. Zurück in den ausgespülten Topf geben, aufkochen und vom Herd nehmen. In warme, trockene Flaschen füllen und mit luftdichten Deckeln verschließen. Beschriften und abkühlen lassen. An einem kühlen, dunklen Ort etwa 6 Monate haltbar.

Würziger Orangensenf *Dieser stark gewürzte Senf passt gut zu Steak mit Pommes und kaltem Lamm- oder Putenfleisch.*

Ergibt: 425 g
Vorbereitung: 15 Min. plus Zeit zum Quellen

50 g weiße Senfsamen
50 g schwarze Senfsamen
75 g weicher, hellbrauner Zucker
2 TL Pimentkörner
1 Prise gemahlener Zimt
1 TL grobes Salz
1 TL Pfefferkörner
1 TL Paprika
½ TL gemahlene Kurkuma
250 ml Rotweinessig
abgeriebene Schale und 3 EL Saft von 1 unbehandelten Orange

1 Alle trockenen Zutaten in die Küchenmaschine geben und anschalten, bis die Senfsamen grob zermahlen sind.

2 Nach und nach den Essig dazugeben, dabei stetig umrühren, bis alles gut vermischt ist. Orangenschale und -saft hineingeben und kurz vermischen.

3 Etwa 1 Std. quellen lassen, dann in warme, trockene Gläser füllen. Abdecken und vollständig abkühlen lassen. Kalte Gläser mit luftdichten Deckeln verschließen. Beschriften und an einem kühlen, dunklen Ort lagern. Etwa 3–6 Monate haltbar.

Grober Senf mit Knoblauch und Fenchel

Knoblauch und ein Hauch von Anis lassen diesen rustikalen Senf gut zu gegrillten Schweinebratwürsten und Koteletts passen.

Ergibt: 425 g
Vorbereitung: 15 Min. plus Zeit zum Quellen

50 g weiße Senfsamen
50 g schwarze Senfsamen
75 g weicher hellbrauner Zucker
1 TL Fenchelsamen
1 TL grobes Salz
1 TL Pfefferkörner
½ TL gemahlene Kurkuma
3 Knoblauchzehen
300 ml Apfelessig

1 Alle trockenen Zutaten und den Knoblauch in die Küchenmaschine geben und anschalten, bis die Samen grob zermahlen sind.

2 Nach und nach den Essig dazugeben, dabei stetig umrühren, bis alles gut vermischt ist.

3 Etwa 1 Std. quellen lassen, dann in warme, trockene Gläser füllen. Abdecken und vollständig abkühlen lassen. Kalte Gläser mit luftdichten Deckeln verschließen. Beschriften und an einem kühlen, dunklen Ort lagern. Etwa 3–6 Monate haltbar.

Weißer Senf mit Kräutern *Dieser helle Senf mit frischen Kräutern ist köstlich in Salatdressings. Er kann aber auch in Fleischsaucen verwendet oder zu kaltem Braten serviert werden.*

Ergibt: 425 g

Vorbereitung: 15 Min. plus Zeit zum Quellen

100 g weiße Senfsamen

75 g weicher, hellbrauner Zucker

1 TL Steinsalz

1 TL weiße Pfefferkörner

½ TL gemahlene Kurkuma

275 ml Weißweinessig

6 EL gehackte frische Kräuter, darunter Rosmarin, Salbei, Petersilie und Schnittlauch

1 Alle trockenen Zutaten in die Küchenmaschine geben und anschalten, bis die Senfsamen grob zermahlen sind.

2 Nach und nach den Essig dazugeben, dabei stetig umrühren, bis alles gut vermischt ist. Kräuter dazugeben und kurz vermischen.

3 Etwa 1 Std. quellen lassen, dann in warme, trockene Gläser füllen. Abdecken und vollständig abkühlen lassen. Kalte Gläser mit luftdichten Deckeln oder Zellophan verschließen. Beschriften und an einem kühlen, dunklen Ort lagern. Etwa 3–6 Monate haltbar.

Variation

Wenn Sie nur eine Sorte Kräuter bevorzugen, sollten Sie die Menge auf 3 EL reduzieren.

Weißer Senf mit Kräutern

Preiselbeersauce

Preiselbeeren sind zu sauer, um sie roh zu essen, können aber durch Kochen und die Zugabe von Portwein oder Sherry in eine herrlich süße und würzige Sauce verwandelt werden.

Ergibt: etwa 250 g
Vorbereitung: 5 Min.
Kochzeit: 20 Min.

2 EL Wasser
75 g Zucker
375 g Preiselbeeren oder Cranberries
1 EL roter Portwein oder süßer oder trockener Sherry (nach Belieben)

1 Wasser und Zucker in einen Topf geben und erhitzen, bis der Zucker sich aufgelöst hat.

2 Preiselbeeren dazugeben und aufkochen. Die Hitze reduzieren, abdecken und etwa 15 Min. köcheln lassen, bis die Preiselbeeren zerfallen und weich sind.

3 Nach Belieben Portwein oder Sherry unterrühren.

4 Die kochende Sauce in warme, trockene Gläser füllen, dabei einen Rand von 2,5 cm ungefüllt lassen. Abdecken und mit Schraub- oder Bügelverschlussdeckeln verschließen. Bei Schraubdeckeln wieder eine halbe Drehung öffnen, damit die Gläser nicht platzen. Ein kleines Drahtgitter in einen großen, tiefen Topf stellen und mit kochendem Wasser füllen. Die Gläser hineinstellen und 5–8 Min. kochen.

5 Etwas Wasser entfernen und die Gläser mit Ofenhandschuhen herausheben. Auf ein Holzbrett stellen und abkühlen lassen. Sobald sie kalt sind, den Verschluss überprüfen (s. S. 13). Beschriften und ungeöffnet bis zu 6 Monate lagern.

Gewürzte Pflaumensauce

Diese orientalisch inspirierte süßsaure Sauce hat eine Essigbasis und ist mit Sternanis, Fünf-Gewürz-Pulver und Chili gewürzt. Sie passt zu Entenbraten, gegrillten Schweinekoteletts und gebratenem Gemüse.

ERGIBT: 1 l
VORBEREITUNG: 15 Min.
KOCHZEIT: 30 Min.

1 kg rote Pflaumen, halbiert, entsteint und grob gehackt
300 g Zucker
500 ml Rotweinessig
3 Sternanis
1/2 TL Fünf-Gewürz-Pulver
1 getrocknete rote Chili, halbiert
1 TL Salz
1/2 TL grob zerdrückte schwarze Pfefferkörner

1 Alle Zutaten in einen großen Topf geben und verrühren. Langsam aufkochen und gelegentlich rühren, bis der Zucker sich vollständig aufgelöst hat. Die Hitze reduzieren, abdecken und 30 Min. köcheln lassen, bis die Pflaumen weich sind.

2 Durch ein Sieb drücken und die Häute und Gewürze wegwerfen. Die heiße Sauce in trockene Flaschen füllen, dabei etwa 2,5 cm ungefüllt lassen. Mit Deckeln locker verschließen. Ein kleines Drahtgitter in einen großen, tiefen Topf stellen und die Flaschen mit etwas Abstand zueinander hineinstellen. Warmes Wasser bis zum Hals der Flaschen einfüllen.

3 Langsam über 1 Std. auf eine Temperatur von 88 °C auf dem Zuckerthermometer erhitzen, bis die Sauce gerade zu sieden beginnt, aber noch nicht kocht. Diese Temperatur 30 Min. halten.

4 Etwas Wasser aus dem Topf entfernen und die Flaschen mit einer Zange vorsichtig herausheben. Auf ein Holzbrett stellen, die Deckel mit einem Küchenhandtuch festziehen und abkühlen lassen. Beschriften und an einem kühlen, dunklen Ort lagern. Etwa 3–6 Monate haltbar. Die Sauce kann warm oder kalt serviert werden. Sobald sie geöffnet ist, kann man sie 2 Wochen im Kühlschrank aufbewahren.

Früchte, Blumen, Nüsse und Gemüse

Sirup, Öl und Essig können dazu benutzt werden, die Fülle der Natur eindrucksvoll zu konservieren. In diesem Kapitel werden Früchte, Ingwer, Kastanien und Blumen kandiert und Früchte in gewürztem Sirup eingekocht. Diese Rezepte sind nicht schwierig, brauchen aber etwas Zeit und ein wachsames Auge. Sie eignen sich hervorragend als Weihnachtsgeschenke.

In Alkohol eingelegte Früchte sind schneller hergestellt und passen hervorragend zu Vanilleeis.

In Essig kann man die unterschiedlichsten Zutaten wie Chili, Walnüsse, Ingwer, Gurken und Knoblauch einlegen, während man in Öl Käse, Artischocken und Oliven zusammen mit Kräutern, Pfefferkörnern und Zitrusschalen marinieren und haltbar machen kann.

Kandierte Früchte *Sie sind fertig gekauft teuer, aber sehr einfach herzustellen. Obwohl es einige Zeit braucht, ist es den Aufwand wert und das Ergebnis ist köstlich – man kann sie in Kuchen, Brot und Süßigkeiten verwenden oder Desserts damit dekorieren.*

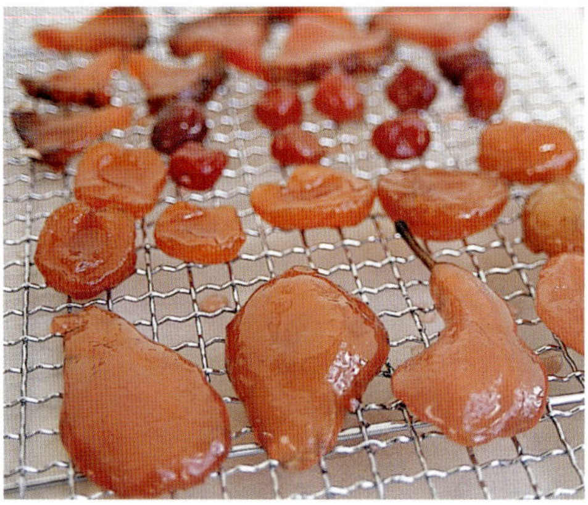

VORBEREITUNG: 15 Min.

ZUBEREITUNG: erstreckt sich über 8 Tage

Ananas, in Scheiben und geviertelt

Kirschen, ganz, aber entsteint

feste Birnen, geschält, entkernt und halbiert

Pflaumen, entsteint und halbiert

Aprikosen, entsteint und halbiert

Zucker

1 Alle Früchte in Wasser gerade weich kochen.

2 Pro 500 g Früchte 300 ml Sirup herstellen. Dafür 300 ml von der Kochflüssigkeit mit 175 g Zucker bei geringer Hitze rühren, bis der Zucker sich aufgelöst hat.

3 Die gekochten Früchte in einer Lage in eine flache Form füllen, den warmen Sirup darüber gießen. Abdecken und 24 Std. stehen lassen.

4 Am 2. Tag den Sirup abgießen, abmessen und in einen Topf geben. Pro 300 ml Sirup 50 g Zucker dazugeben und aufkochen. Über die Früchte gießen und wieder 24 Std. abgedeckt stehen lassen.

5 Diesen Vorgang 3 Mal wiederholen, dabei jedes Mal 50 g Zucker zum Sirup geben.

6 Am 6. Tag die Früchte abgießen, den Sirup in einen Topf geben und pro 300 ml Sirup 75 g Zucker dazugeben. Aufkochen, die Früchte dazugeben und 3 Min. kochen lassen. Zurück in die Form geben und weitere 24 Std. ziehen lassen.

7 Schritt 6 wiederholen. Der Sirup sollte nun dick wie Honig sein. Ist er noch dünn, noch einmal wiederholen.

8 Den Sirup abgießen und die Früchte in einer Lage auf einem Drahtgitter über einem Blatt Backpapier auslegen. Vollständig trocknen lassen. In einer luftdichten Dose zwischen Wachspapier aufbewahren.

Kandierte Früchte

Kandierter Ingwer *Das perfekte Geschenk für echte Genießer. In Schokolade getaucht ergibt kandierter Ingwer eine leckere Praline, in Scheiben geschnitten kann man damit Lebkuchen dekorieren.*

Ergibt: 250 g
Vorbereitung: 1 Std.
Zubereitung: erstreckt sich über 11–12 Tage

500 g frischer Ingwer
300 ml Wasser
625 g grober Zucker
25 g feiner, weißer Zucker

1 Ingwer schälen, in 1 cm dicke Scheiben schneiden und sehr breite Scheiben nochmals halbieren. Mit dem Wasser in einen Topf geben, aufkochen, die Hitze reduzieren, abdecken und 25–30 Min. köcheln lassen, bis er gerade weich ist.

2 Ingwer in einem Sieb über einem Messbecher abgießen. Wasser wenn nötig wieder auf 300 ml auffüllen. Zurück in den Topf geben und 250 g des Zuckers dazugeben. Bei geringer Hitze rühren, bis der Zucker vollständig aufgelöst ist, dann 2 Min. kochen lassen.

3 Ingwer in eine kleine Schüssel geben und mit dem Sirup vollständig bedecken. Abdecken und über Nacht an einem warmen Ort stehen lassen.

4 Am 2. Tag den Sirup in einen Topf abgießen und 50 g Zucker hinzufügen. Langsam erhitzen, bis er sich aufgelöst hat und 1 Min. kochen lassen. Über den Ingwer gießen und abgedeckt über Nacht ziehen lassen.

5 Am 3., 4., 5., 6. und 7. Tag wiederholen, bis der Zucker aufgebraucht ist. Den Ingwer weitere 48 Std. ziehen lassen.

6 Am 9. Tag Ingwer und Sirup 3–5 Min. kochen lassen, bis der Sirup sehr dick ist, dann den Ingwer herausnehmen und in einer Lage auf ein Drahtgitter über einem Blatt Backpapier ausbreiten. An einem warmen Ort 2–3 Tage trocknen lassen, dabei gelegentlich wenden.

7 An Tag 11/12 eine kleine Schüssel mit kochendem Wasser füllen und den feinen Zucker auf einen Teller geben. Mit einer Gabel jedes Ingwerstück ins kochende Wasser tauchen, überschüssige Wasser abschütteln und in Zucker rollen. Etwa 12 Std. trocknen lassen und in eine luftdichte Dose packen. Beschriften und an einem kühlen, dunklen Ort lagern. Bis zu 3 Monate haltbar.

Tipps

• Es gibt zwei Arten, Früchte zu kandieren – eine ist, jeden Tag etwas Zucker hinzuzufügen, die andere, den Sirup jeden Tag etwas weiter einzukochen. Bei beiden wird die Zuckerkonzentration jeden Tag höher, bis die Früchte keinen Zucker mehr aufnehmen können.

• Versuchen Sie nicht, den Prozess zu beschleunigen. Obwohl das Rezept sehr langwierig aussieht, handelt es sich nur um 5 Min. jeden Tag und einige Extraminuten am 9. und 12. Tag.

Kandierte Blumen *Verwenden Sie nur essbare Blüten. Blumen aus Blumenzwiebeln sind nicht essbar und oft sogar giftig.*

Vorbereitung: 15 Min. plus Pflücken und Trocknen

25 g Gummiarabikum

dreifach konzentriertes Rosenwasser

essbare Blumen: Rosen, Veilchen, Primeln, gut ausgeschüttelt

Blüten: Heidekraut, Pflaumen-, Kirsch-, Apfel- oder Birnenblüten, gut ausgeschüttelt

Zucker

1 Gummiarabikum mit dem Rosenwasser bedecken und 24 Std. stehen lassen, bis es sich vollständig aufgelöst hat.

2 Mit einem feinen Pinsel jedes Blütenblatt von beiden Seiten mit der Gummiarabikumlösung einpinseln. Die Blüte am Stiel festhalten und von beiden Seiten mit Zucker bestreuen.

3 Auf Backpapier ausgebreitet trocknen lassen und in einer luftdichten Dose lagern

Kandierte Kastanien *Ein französischer Klassiker, bei dem frisch gekochte Kastanien langsam in Vanillesirup eingelegt werden, bis sie fast durchsichtig sind. Sie schmecken herrlich zu Kaffee nach dem Essen und eignen sich dazu, Schokoladendesserts zu dekorieren.*

Ergibt: 60 Stück
Vorbereitung: 40 Min.
Zubereitung: erstreckt sich über 9–10 Tage

500 g Esskastanien
250 g Zucker
250 g flüssige Glukose
300 ml Wasser
1/2 TL Vanilleessenz

Glasur:
125 g Zucker
3 EL Wasser

1 Jede Kastanie kreuzförmig einschneiden. In kochendes Wasser geben und 2 Min. kochen. Vom Herd nehmen und mit einem Schaumlöffel jeweils 8–10 Kastanien herausnehmen und in ein Küchenhandtuch geben. Mit einem kleinen Messer die harte äußere und weiche innere Schale abschälen. Schwer zu schälende Kastanien zurück ins Wasser geben, aufkochen und nochmals versuchen. Beschädigte oder schwarze Kastanien aussortieren.

2 Kastanien zurück in den gespülten und abgetrockneten Topf geben und mit kaltem Wasser bedecken. Aufkochen, die Hitze reduzieren und ohne Deckel etwa 20 Min. köcheln lassen, bis die Kastanien gar, aber noch fest sind. Nicht zu lange kochen, sonst fallen sie auseinander. Abgießen und in eine flache Form geben.

3 Zucker, Glukose und Wasser in einen Topf geben. Vorsichtig erhitzen, bis der Zucker aufgelöst ist, dann 1 Min. kochen lassen. Über die Kastanien geben, abdecken und an einem warmen Ort über Nacht stehen lassen.

4 Am 2. Tag den Sirup in einen Topf gießen und 4 Min. kochen lassen. Über die Kastanien geben, abdecken und über Nacht stehen lassen.

5 Am 3. Tag wiederholen und nach dem Kochen die Vanilleessenz hinzufügen.

6 Am 4. Tag den Kochprozess wiederholen. Die Kastanien hinzufügen und 3 Tage stehen lassen

7 Am 7. Tag Kastanien aus dem Topf heben und auf einem Drahtgitter über Backpapier ausbreiten. An einem warmen Ort 2–3 Tage trocknen lassen, dabei ein- bis zweimal umdrehen, bis sie außen hart sind.

8 An Tag 9/10 die Glasur herstellen. Wasser und Zucker erwärmen, bis der Zucker sich aufgelöst hat und 1 Min. kochen lassen. Die Kastanien einzeln mit einer Zange in kochendes Wasser tauchen, überschüssiges Wasser abschütteln und in den Zuckersirup tauchen. Am besten nur wenig Sirup in eine Schale gießen und die Kastanien hineintauchen, damit der restliche Sirup nicht durch Kastanienstücke verunreinigt wird.

9 Auf einem Drahtgitter über Backpapier ausbreiten und an einem kühlen Ort über Nacht trocknen lassen. In Folie einwickeln oder in Pralinenförmchen setzen und in einer luftdichten Blechdose lagern. An einem kühlen, trockenen Ort 3 Monate haltbar.

Tipp

- Wenn die kandierten Kastanien feucht werden, verderben sie sehr schnell.

Pfirsiche in Marsalawein *Servieren Sie die Pfirsiche kalt oder leicht erwärmt mit guter Vanilleeiscreme oder einigen Löffeln Crème fraîche, vermischt mit zerbröselten Amarettini.*

ERGIBT: 1 kg
VORBEREITUNG: 5 Min. plus Zeit zum Abkühlen
ZUBEREITUNG: 2 Std.

125 g Zucker
300 ml Wasser
7–8 kleine feste Pfirsiche
150 ml Marsalawein
1/2 TL Zitronensäure

1 Zucker und Wasser in einen Topf geben und bei geringer Hitze rühren, bis der Zucker vollständig aufgelöst ist. Aufkochen und 1 Min. kochen lassen. Vom Herd nehmen und den Sirup abkühlen lassen.

2 Pfirsiche schälen, halbieren und entsteinen. Sofort in gesäuertes Wasser legen (s. S. 12), damit sie sich nicht verfärben.

3 Pfirsiche mit einem Schaumlöffel aus dem Wasser heben und fest in Gläser packen, sodass sie ineinander verkeilt in einer Lage aufrecht stehen.

4 Wein und Zitronensäure unter den kalten Sirup rühren, die Früchte damit bedecken und die Gläser fast bis zum Rand füllen. Wenn nötig mit kaltem, vorher abgekochten Wasser auffüllen und mit luftdichten Deckeln verschließen.

5 Ein Drahtgitter in einen großen Topf stellen und die Gläser darauf platzieren. Kaltes Wasser hineingießen, bis die Gläser bedeckt sind. Das Wasser langsam über 1 Std. auf 55 °C auf dem Zuckerthermometer erwärmen. In weiteren 30 Min. die Temperatur auf 82 °C erhöhen und für 15 Min. halten.

6 Etwas Wasser aus dem Topf entfernen und die Gläser mit Ofenhandschuhen herausnehmen und auf einem Holzbrett abkühlen lassen. Wenn sie kalt sind, den Verschluss überprüfen (s. S. 12). Beschriften und an einem kühlen, dunklen Ort vor dem Verzehr 3–4 Wochen ziehen lassen, oder ungeöffnet 6–12 Monate lagern.

Variation

Dieselbe Methode kann für Aprikosen in Amaretto oder Pfirsiche in Weinbrand verwendet werden.

Tipps

- Aus Gläsern mit Bügelverschluss kann auch fest verschlossen etwas Luft entweichen. Bei Schraubverschlüssen ist es wichtig, sie beim Erhitzen nicht ganz zu schließen, sonst können sie explodieren.
- Behalten Sie das Thermometer im Auge und verringern Sie wenn nötig die Hitzezufuhr, damit die Temperatur nur langsam steigt. Wenn das Wasser am Anfang zu schnell warm wird, nicht die Kochzeit verringern. Bei zu großer Hitze werden die Früchte zu weich und verlieren ihre Farbe.

Heidelbeeren in Kirschwasser

Diese Köstlichkeit ist schnell und einfach herzustellen und schmecken herrlich mit Vanilleeis, Crème fraîche oder auf Pfannkuchen. Für eine besondere Tortenfüllung kann man sie unter Schlagsahne heben.

Ergibt: 400 g

Vorbereitung: 10 Min. plus Zeit zum Ziehen

175 g Heidelbeeren, entstielt

50 g Zucker

100 ml Kirschwasser

1 Sehr weiche Heidelbeeren aussortieren. Jede Beere mit einer Gabel einstechen und in ein sauberes, trockenes Glas schichten. Jede Schicht mit etwas Zucker bestreuen.

2 Kirschwasser darüber gießen, fest verschließen und ein bis zweimal schütteln.

3 An einem kühlen Ort ziehen lassen. Während der ersten 4 Tage jeden Tag einmal umdrehen, bis der Zucker sich vollständig aufgelöst hat. Beschriften und vor dem Verzehr weitere 3–4 Wochen ziehen lassen oder ungeöffnet 6–12 Monate lagern.

Variation

Entsteinte frische rote oder schwarze Kirschen eignen sich ebenfalls für dieses Rezept.

Heidelbeeren in Kirschwasser

Feigen in Vanillesirup

Frische Feigen haben eine kurze Saison, und im Gegensatz zu anderen Sommerfrüchten lassen sie sich auch auf Kuchen nicht gut einfrieren. In Vanillesirup eingekocht bewahren sie ihr volles Aroma für den Rest des Jahres.

Ergibt: 500 g
Vorbereitung: 20 Min.
Kochzeit: 35–40 Min.

8–9 feste frische Feigen, halbiert
100 g Zucker
400 ml Wasser
1/2 Vanilleschote, längs gespalten
1/2 TL Zitronensäure

1 Feigen mit der Schnittseite nach außen in ein warmes Glas packen. In der Mitte des Glases dicht packen und zwei Hälften mit der Schnittseite nach oben auf die anderen Feigen legen.

2 Zucker, Wasser und Vanilleschote in einen Topf geben. Unter ständigem Rühren langsam erhitzen, bis der Zucker sich aufgelöst hat. Aufkochen, 1 Min. kochen lassen und vom Herd nehmen.

3 Die Vanilleschote herausnehmen, mit einem kleinen Messer die schwarzen Kerne in den Sirup kratzen und die Zitronensäure unterrühren. Die Vanilleschote in das Glas mit den Feigen stecken.

4 Sirup über die Feigen gießen, sodass sie ganz bedeckt sind und das Glas fast voll ist. Wenn nötig mit kochendem Wasser auffüllen und das Glas verschließen. Einige gefaltete Zeitungsseiten auf ein Blech stellen und das Glas darauf platzieren. Im vorgeheizten Ofen bei 150 °C 40 Min. backen, bis der Sirup sich leicht rosa verfärbt und die Feigen gerade nach oben steigen.

5 Mit Ofenhandschuhen herausnehmen und auf ein Holzbrett stellen, den Deckel festziehen und vollständig abkühlen lassen. Wenn es kalt ist, den Verschluss überprüfen (s. S. 12). Beschriften und an einem kühlen, dunklen Ort lagern. Die Feigen halten sich 6–12 Monate.

Feigen in Vanillesirup

Dillgurken *Dies ist ein Rezept für den Hochsommer, wenn es viele Gurken gibt. Selbst gezogener Dill ist besser als gekaufter, da man sowohl dicke Stängel als auch Blüten braucht.*

Ergibt: 1 kg

Vorbereitung: 5 Min.

Kochzeit: 5 Min.

1 kg kleine Gurken zum Einlegen (oder halbierte und in Spalten geschnittene größere Gurken), gewaschen und abgetrocknet

2 Knoblauchzehen, in dünnen Scheiben

12 große Dillzweige, wenn möglich mit Blüten

3 Lorbeerblätter

Für den Sud:

750 ml Wasser

250 ml Essig

25 g Meersalz

12 schwarze Pfefferkörner

12 Pimentkörner

1 Gurken in ein Einmachglas mit 1 kg Inhalt schichten, dabei jede Schicht mit Knoblauch, Dill und einem Lorbeerblatt bestreuen.

2 Alle Zutaten für den Sud in einen Topf geben, aufkochen und 3 Min. kochen lassen. Abkühlen lassen und über die Gurken gießen.

3 Glas mit einem luftdichten Deckel verschließen. Beschriften und vor dem Verzehr an einem kühlen, dunklen Ort 2 Wochen ziehen lassen oder ungeöffnet bis zu 3 Monate lagern.

Oliven in Fenchel-Chili-Marinade

Wenn Sie nicht die Möglichkeit haben, gute marinierte Oliven zu kaufen, können Sie einfache Oliven in Salzlake aus dem Supermarkt kaufen und mit dieser Marinade aufpeppen.

Ergibt: 500 g
Vorbereitung: 15 Min.
Kochzeit: 2 Min.

200 ml natives Olivenöl
4 Knoblauchzehen, in dünnen Scheiben
1 EL Fenchelsamen, grob zerdrückt
2 getrocknete rote Chili, nach Wunsch entkernt und zerdrückt
300 g Kalamata-Oliven in Salzlake
½ rote Zwiebel, fein gehackt
1 TL bunte Pfefferkörner
etwas Salz

1 In einer antihaftbeschichteten Pfanne 2 EL des Öls erhitzen und Knoblauch, Fenchelsamen und Chili darin 1 Min. anbraten.

2 Oliven abgießen, jede mit einem Zahnstocher oder einer Gabel einstechen und in eine Schüssel geben.

3 Die Zwiebel mit den gebratenen Gewürzen, Pfefferkörnern und etwas Salz zu den Oliven geben. Alle Zutaten gut vermischen.

4 Oliven in ein sauberes, trockenes Glas füllen und mit dem restlichen Öl auffüllen, sodass sie vollständig bedeckt sind. Luftdicht verschließen, beschriften und an einem kühlen, dunklen Ort aufbewahren. Die Oliven sind etwa 3 Monate haltbar.

Tipp

• Das marinierte Öl kann in Salatsaucen und Nudelgerichten verwendet werden. Oder man reibt vor dem Grillen Fleisch oder Fisch damit ein.

Scharf eingelegter Ziegenkäse *Die Gläser mit Ziegenkäsescheiben, die in zerstoßenen Chili, Pfefferkörner und grobes Meersalz gedippt wurden, sehen herrlich aus und sind ein tolles Geschenk für Feinschmecker.*

ERGIBT: 450 g

VORBEREITUNG: 20 Min.

2 Stücke Ziegenkäse à 100 g

2 TL bunte Pfefferkörner, grob zerdrückt

1 TL grobes Meersalz, grob zerdrückt

1 TL getrocknete Chiliflocken

50 g schwarze Oliven

ein kleiner Bund Basilikum

250 ml natives Olivenöl

1 Käserinde abschneiden und den Käse in dünne Scheiben schneiden. Diese evtl. nochmals halbieren.

2 Pfeffer, Salz und Chiliflocken vermischen und auf einen Teller geben. Die Schnittflächen der Käsescheiben hineintauchen, sodass die Gewürze daran haften bleiben.

3 Käse, Oliven und ganze Basilikumblätter in saubere, trockene Gläser schichten. Mit dem Olivenöl bedecken, dabei den Käse wenn nötig mit einem Teelöffel vorsichtig in das Öl hineindrücken. Mit luftdichten Deckeln verschließen, beschriften und im Kühlschrank bis zu einem Monat aufbewahren

Scharf eingelegter Ziegenkäse

Marinierter Fetakäse *Diese zitronig eingelegten Käsewürfel bringen Erinnerungen an heiße Tage am Mittelmeer zurück. Dazu passt warmes Krustenbrot oder ein knackiger Salat zum Mittagessen.*

Ergibt: 800 g
Vorbereitung: 20 Min.

250 g Fetakäse, abgetropft und gewürfelt

1 kleiner Bund Zitronenthymian, die Blätter von den Stielen gezupft

abgeriebene Schale von 1 unbehandelten Zitrone

4 TL abgetropfte Kapern

1 TL bunte Pfefferkörner, grob zerdrückt

1/2 rote Zwiebel, in dünnen Ringen

400 ml natives Olivenöl

1 Feta, 4 EL Thymianblätter, Zitronenschale, Kapern und Pfeffer in eine Schüssel geben und vorsichtig mit einem großen Löffel vermischen.

2 Diese Mischung in zwei saubere, trockene Gläser füllen. Mit Olivenöl auffüllen und den Käse wenn nötig mit einem Löffel vorsichtig in das Öl hineindrücken. Mit luftdichten Deckeln verschließen. Beschriften und vor dem Verzehr an einem kühlen, dunklen Ort 2 Wochen marinieren lassen oder ungeöffnet bis zu 6 Monate lagern.

3 Den Feta zum Servieren in eine Schüssel füllen und etwa 1 Std. bei Zimmertemperatur stehen lassen, damit er seinen vollen Geschmack entfalten kann.

Variation

Probieren Sie dieses Rezept auch mal mit getrockneten Tomaten, Rosmarin und Knoblauch oder Chili, Basilikum und Fenchelsamen aus oder erfinden Sie Ihre eigene Version.

Eingelegte rote Paprika *Eingelegte Paprika sind nützliche Zutaten in Salaten, auf Pizza oder in Saucen. Man kann sie auch gut gewürzten Eintöpfen zugeben, muss aber vorsichtig sein, dass das Ergebnis nicht zu sehr nach Essig schmeckt.*

Ergibt: 4 Stück
Vorbereitung: 10 Min.
Kochzeit: 15 Min.

4 rote Paprika

600 ml weißer Essig

225 g Zucker

1 EL Salz

1 Von den Paprika einen Deckel abschneiden und Kerne und weiße Innenhäute entfernen. In kochendem Wasser etwa 3 Min. blanchieren, bis sie gerade weich werden. Auf Küchenpapier gut abtropfen lassen.

2 Essig mit Zucker und Salz in einen Topf geben und die Mischung aufkochen. Den Topf abdecken und 10 Min. köcheln lassen.

3 Paprika in ein trockenes Glas füllen und den heißen Essig dazugießen. Die Paprika sollte vollständig mit Essig bedeckt sein. Mit einem luftdichten Deckel verschließen, beschriften und 1 Woche ziehen lassen. Etwa 6 Monate haltbar.

Salzig eingelegte Zitronen *Eingelegte Zitronen sind für viele marokkanische Eintöpfe sehr wichtig. Der scharfe Geschmack und die weiche Konsistenz sind durch nichts anderes zu ersetzen.*

Ergibt: 4 Stück
Vorbereitung: 10 Min.

4 unbehandelte Zitronen
50 g Meersalz
1 TL Korianderkörner
1 kleine Zimtstange, leicht zerdrückt
2 Lorbeerblätter
Saft von 1 Zitrone

1 Zitronen in je 6 Spalten schneiden, aber an einem Ende verbunden lassen. Etwas Salz auf die Schnittflächen streuen.

2 Ein wenig Salz auf den Boden eines großen Glases mit breiter Öffnung streuen, dann Zitronen, Gewürze, Lorbeerblätter und Salz hineinschichten.

3 Übriges Salz, Zitronensaft und genügend kochendes Wasser, um die Zitronen damit zu bedecken, in das Glas geben. Mit einem luftdichten Deckel verschließen und vor dem Verzehr an einem warmen Ort mindestens 2 Wochen ziehen lassen, damit die Zitronenschalen weich werden. Das Glas kann geöffnet bis zu 12 Monate gelagert werden. Ein weißer Film kann sich auf den Zitronen bilden – er ist harmlos und kann abgewaschen werden.

Süß-sauer eingekochte Kräuterpflaumen *Eingekochte Pflaumen schmecken zu kaltem Braten, Salat oder Ofenkartoffeln. Sie sind außerdem ein schönes Geschenk, wenn man ein kleines Kräutersträußchen am Glas befestigt.*

ERGIBT: 2 kg

VORBEREITUNG: 20 Min.

KOCHZEIT: 2–2½ Std.

750 ml Weißweinessig

500 g Zucker

7 Rosmarinzweige

7 Thymianzweige

7 kleine Lorbeerblätter

4 Lavendelzweige (nach Belieben)

4 Knoblauchzehen, ungeschält

1 TL Salz

½ TL bunte Pfefferkörner

1,5 kg feste rote Pflaumen, gewaschen und eingestochen

1 Essig und Zucker in einen ofenfesten Topf geben und je 4 Zweige Rosmarin und Thymian, 4 Lorbeerblätter, den ganzen Lavendel, Knoblauch, Salz und Pfeffer hinzufügen. Den Topf gut verschließen und bei 80 °C im Ofen 2–2½ Std. kochen, dabei ein- oder zweimal umrühren.

2 Die sauberen Gläser auf dem Boden des leicht warmen Ofens anwärmen. Pflaumen fest in die warmen, trockenen Gläser packen und die restlichen Kräuter dazwischen stecken. Den heißen Essig durch ein Sieb darüber gießen. Die Pflaumen müssen vollständig bedeckt sein. Dann mit luftdichten Deckeln verschließen.

3 Beschriften und vor dem Verzehr an einem kühlen, dunklen Ort 3–4 Wochen ziehen lassen oder ungeöffnet 6–12 Monate lagern. Die Pflaumen verlieren leicht an Farbe.

Variation

Geben Sie statt der Kräuter in jedes Glas eine kleine getrocknete Chili oder etwas Wacholderbeeren, abgeschälte Orangenschale und zerbrochene Zimtstangen dazu.

Süß-sauer eingekochte Kräuterpflaumen

Eingelegter Knoblauch *Manche Leute glauben, dass Knoblauch immer scharf und intensiv im Geschmack ist, aber längere Zeit eingelegt wird der Geschmack milder. Eingelegter Knoblauch passt zu Fleisch- oder Gemüsegerichten, Brühen oder man kann ihn allein wie Pickles essen.*

Ergibt: 6 Knoblauchknollen
Vorbereitung: 30 Min.
Kochzeit: 10 Min. plus Zeit zum Abkühlen

1,2 l Wasser
300 ml heller Branntweinessig
50 g Zucker
1 EL Salz
6 Knoblauchknollen, in Zehen zerteilt und geschält

1 Wasser, Zucker und Salz in einem Topf aufkochen, die Hitze reduzieren und 5 Min. köcheln lassen

2 Den Knoblauch dazugeben, wieder aufkochen und 1 Min. sprudelnd kochen lassen.

3 Den Topf vom Herd nehmen und abkühlen lassen. In Gläser geben und mit luftdichten Deckeln verschließen. Beschriften und vor dem Verzehr im Kühlschrank 10 Tage ziehen lassen. Ungeöffnet 6 Monate haltbar.

Süß-sauer eingelegter Ingwer *Obwohl Ingwer sich ungeschält gut lagern lässt, erspart einem eingelegter Ingwer langwierige Vorbereitungen. Er passt zu thailändischen oder chinesischen Gerichten und in japanisches Sushi.*

Ergibt: 500 g oder 2 kleine Gläser
Vorbereitung: 20 Min. plus Zeit zum Ziehen
Kochzeit: 10 Min.

275 g frischer Ingwer, geschält und in hauchdünne Scheiben geschnitten
50 g grobes Meersalz
250 ml Reisessig
100 g Zucker
2 rote Thai-Chili, in dünnen Ringen
einige weiße Pfefferkörner

1 Ingwer mit Salz in eine Schüssel schichten, abdecken und 24 Std. stehen lassen.

2 Essig in einen Topf geben, den Zucker hinzufügen und langsam erhitzen, bis er sich aufgelöst hat. Chili und Pfefferkörner dazugeben und 5 Min. köcheln lassen.

3 Ingwer in ein Sieb geben und mit kaltem Wasser abspülen, um das Salz zu entfernen. Abtropfen lassen und mit Küchenpapier trocken tupfen.

4 Ingwer in zwei trockene Gläser füllen und den heißen Essig mit den Gewürzen darüber gießen. Der Ingwer sollte vollständig bedeckt sein. Mit luftdichten Deckeln verschließen, beschriften und abkühlen lassen. An einem kühlen, dunklen Ort bis zu 6 Monate haltbar.

Tipp

• Wenn Sie keinen frischen Chili haben, können Sie eine große getrocknete rote Chilischote verwenden.

Eingelegte grüne Walnüsse

Benutzen Sie nur unreife grüne Walnüsse für dieses Rezept. Wenn sie zu reif sind, lassen sie sich nicht mehr einlegen. Sie schmecken zu kaltem Fleisch und Käse – vor allem weicher Brie oder Camembert passen sehr gut.

Ergibt: etwa 2 l
Vorbereitung: 10 Min. plus Zeit zum Einweichen und Ziehen
Kochzeit: 15 Min.

500 g grüne Walnüsse
50 g Salz
600 ml Wasser
3 gestrichene TL Einmachgewürz
1,7 l Weißweinessig

1 Jede Walnuss mit einer Silbergabel zwei- oder dreimal tief einstechen.

2 Für die Salzlake Wasser und Salz verrühren. Die Walnüsse dazugeben, sie sollten vollständig mit Lake bedeckt sein. Einen Teller darauf legen, damit sie ganz in der Lake bleiben, und 14 Tage ziehen lassen.

3 Walnüsse aus der Lake nehmen und auf einem Tuch oder Tablett in die Sonne stellen, dabei gelegentlich schütteln. Nach 2 bis 3 Tagen oder, wenn es sehr heiß ist, in 24 Std. haben sich die Walnüsse schwarz verfärbt.

4 Für den gewürzten Essig Einmachgewürz und Essig in einen Topf geben und 15 Min. kochen lassen. Abseihen und abkühlen lassen.

5 Wenn die Walnüsse ziemlich schwarz sind, in Gläser füllen und mit dem Essig bedecken. Mit luftdichten Deckeln verschließen, beschriften und vor dem Verzehr an einem kühlen, dunklen Ort mindestens 1 Monat ziehen lassen. Ungeöffnet 3–4 Monate haltbar.

Essig, Öl und Butter *Essig oder Öl kann man in eine Spezialität verwandeln, indem man Kräuter, Gewürze oder Früchte darin einlegt. Da man nichts kochen muss, sind diese Rezepte schnell zubereitet – das Geheimnis ist die Zeit, die man den Aromastoffen zur Entfaltung lässt. Nüsse und Blumen brauchen nur einige Tage, während Kräuter, Knoblauch, Chili und andere Gewürze zwei Wochen eingelegt werden können. Dann wird in hübsche Flaschen abgesiebt und ein oder zwei Zutaten zur Illustration des Inhalts beigelegt.*

Wenn man Essig oder Öl verschenken möchte, kann man einfache Schraubdeckel mit Stoffstücken oder buntem Papier abdecken und es mit Bindfaden oder Schleifen festbinden. Bindfaden kann auch mit Kerzenwachs oder buntem Siegelwachs dekorativ verschlossen werden. Auf dem Etikett können Sie außerdem Tipps für die Verwendung geben.

Erdbeeressig mit rosa Pfeffer *Dieser helle, aromatische Essig fängt den Geschmack des Sommers ein. Verwenden Sie ihn für Salatsaucen oder wenn Sie Kalbsleber braten.*

Ergibt: 2 Flaschen à 500 ml

Zubereitung: 15 Min. plus Zeit zum Ziehen

300 g Erdbeeren, geputzt und geviertelt

1 EL rosa Pfefferkörner in Salzlake, abgetropft und grob zerdrückt

1 l Weißweinessig

einige Erdbeeren und Pfefferkörner für die Flaschen

1 Erdbeeren in ein sauberes, trockenes Glas mit breiter Öffnung füllen. Pfeffer dazugeben und mit Essig aufgießen. Luftdicht verschließen und das Glas mehrfach umdrehen, damit die Erdbeeren leicht zerdrückt werden und ihr Aroma abgeben können.

2 An einem warmen Ort 2 Wochen stehen lassen, dabei einmal am Tag das Glas umdrehen.

3 Den Essig in trockene Flaschen absieben und einige frische Erdbeeren und Pfefferkörner als Dekoration dazugeben. Luftdicht verschließen, beschriften und an einem kühlen, dunklen Ort aufbewahren. Der Essig ist etwa 6 Monate haltbar.

Variation

Essig und Öl kann auch mit einer kleinen Handvoll essbarer Blüten oder einer Kombination aus Blüten und Kräutern aromatisiert werden. Veilchen oder Kapuzinerkresseblüten können ebenfalls verwendet werden, die Lagerzeit sollte dann aber nicht länger als 3 Monate sein.

Walnussessig *Eine echte Spezialität, die für einen Bruchteil ihres Ladenpreises hergestellt werden kann. Passt in Salatsaucen, Rindfleischeintöpfe und zu Wildgerichten.*

ERGIBT: 2 Flaschen à 250 ml
ZUBEREITUNG: 15 Min. plus Zeit zum Ziehen

200 g Walnussstücke
600 ml Rotweinessig
1 EL flüssiger Honig

1 Walnüsse in ein großes, sauberes Glas geben und mit Essig auffüllen.

2 Fest verschließen und bei Zimmertemperatur 4 Tage ziehen lassen, dabei jeden Tag einmal umdrehen.

3 Durch ein sehr feines Sieb geben, um alle Verunreinigungen zu entfernen. Honig einrühren und in trockene Flaschen abfüllen. Da Walnüsse viel Fett enthalten, sollten dem fertigen Essig keine Nüsse beigegeben werden. Er verdirbt sonst schnell.

4 Mit luftdichten Deckeln verschließen, beschriften und an einem kühlen, dunklen Ort lagern. Der Essig ist bis zu 3 Monate haltbar.

Himbeeressig *Für dieses Rezept sind Früchte ideal, die am Boden eines Körbchens zerdrückt wurden. Der Essig schmeckt hervorragend in Salatsaucen und ergibt mit etwas Zucker und heißem Wasser vermischt ein leckeres Wintergetränk.*

Vorbereitung: 5 Min. plus Zeit zum Ziehen
Kochzeit: 10 Min.

reife Himbeeren
weißer Malzessig
Zucker

1 Himbeeren in eine Glasschüssel geben. Pro 500 g Früchte 600 ml Essig dazugeben.

2 Drei bis fünf Tage stehen lassen, dabei gelegentlich umrühren.

3 Durch ein Sieb abgießen und abmessen. Pro 600 ml Flüssigkeit 250–500 g Zucker dazugeben, je nachdem, wie süß man es mag.

4 10 Minuten kochen und in heiße, trockene Flaschen füllen. Mit luftdichten Deckeln verschließen, beschriften und abkühlen lassen. An einem kühlen, dunklen Ort bis zu 12 Monate lagern.

Estragonessig *Das zarte Aroma von Estragon ergibt mit den besten Würzessig. Er passt zu Fischsalaten, in Sauce Béarnaise und Sauce Hollandaise.*

Zubereitung: 15 Min. plus Zeit zum Ziehen

Estragonblätter
Malz- oder Branntweinessig

1 Estragonblätter mit einem Nudelholz leicht zerdrücken, um ihr Aroma herauszulösen. In Gläser füllen, sodass die Gläser zur Hälfte gefüllt sind.

2 Mit Essig auffüllen und luftdicht verschließen.

3 An einem kühlen Ort 6 Wochen ziehen lassen, dabei einmal am Tag schütteln.

4 Essig durch ein sehr feines Sieb absieben und in trockene Flaschen abfüllen. Mit luftdichten Deckeln verschließen, beschriften und an einem kühlen, dunklen Ort aufbewahren. Etwa 3 Monate haltbar.

Scharfes Chili-Knoblauch-Öl

Ein feuriges Öl, das gut zu gebratenen Gerichten und Salaten passt, mit dem man aber auch Rindfleisch oder Fisch marinieren kann. Als Vorspeise kann man es in kleinen Schalen mit warmem Brot servieren.

ERGIBT: 2 Flaschen à 500 ml

ZUBEREITUNG: 15 Min. plus Zeit zum Ziehen

1 l natives Olivenöl

10 große, getrocknete rote Chilischoten, halbiert, entkernt, wenn gewünscht und in je 4 Stücke geschnitten

10 Knoblauchzehen, grob gehackt

2 TL schwarze Pfefferkörner, grob zerdrückt

einige Chilischoten zum Dekorieren

1 Etwas Öl in einer antihaftbeschichteten Pfanne erhitzen, Chili und Knoblauch dazugeben und 1 Min. anbraten.

2 Das restliche Öl in ein großes, sauberes Glas mit breiter Öffnung gießen. Chili, Knoblauch, das Öl vom Anbraten und Pfefferkörner dazugeben. Fest verschließen und an einem warmen Ort 2 Wochen ziehen lassen.

3 Durch ein feines Sieb abgießen und in trockene Flaschen abfüllen. Einige Chilischoten halbieren (auf Wunsch entkernen) und als Dekoration in die Flaschen geben. Mit luftdichten Deckeln verschließen, beschriften und an einem kühlen, dunklen Ort bis zu 6 Monate lagern.

Zitronengrasöl mit Limettenblättern *Dieses leichte, frische Öl enthält thailändische Gewürze und passt hervorragend zu Reisnudel- oder Krabbensalaten und verbessert den Geschmack von gebratenem Gemüse oder Fleisch.*

Ergibt: 2 Flaschen à 500 ml

Vorbereitung: 15 Min. plus Zeit zum Ziehen

Kochzeit: 2 Min.

1 l Sonnenblumenöl

5 cm frischer Ingwer, geschält und gehackt

6 Knoblauchzehen, grob gehackt

2 Zitronengrasstängel, geviertelt

10 getrocknete Limettenblätter

10 kleine frische Thai-Chili, halbiert und entkernt

Schale von 2 unbehandelten Limetten

Zitronengras, entkernte rote Chilischoten, Limettenblätter und Limettenschale zum Dekorieren

1 Von dem Öl 2 EL in einer antihaftbeschichteten Pfanne erhitzen und Ingwer und Knoblauch 1 Min. darin anbraten. Zitronengras mit einem Mörser zerdrücken und mit Limettenblättern und Chili in die Pfanne geben. Wieder 1 Min. braten.

2 Limettenschale in ein trockenes, sauberes Glas mit breiter Öffnung geben. Das restliche Öl hineingießen, die heißen Gewürze dazugeben und gut umrühren.

3 Fest verschließen und an einem warmen Ort 2 Wochen ziehen lassen, dabei einmal täglich umdrehen.

4 Durch ein feines Sieb abgießen und in trockene Flaschen abfüllen. Einige Gewürze zur Dekoration dazugeben. Mit luftdichten Deckeln verschließen, beschriften und an einem kühlen, dunklen Ort bis zu 6 Monate lagern.

Tipp

• Vorsicht beim Schneiden von Chilischoten. Wenn Sie danach unbewusst Ihre Augen berühren, kann das sehr schmerzhaft werden. Waschen Sie sich deshalb sofort gut die Hände oder tragen Sie Gummihandschuhe.

Mediterranes Kräuteröl

Dieses aromatische Öl ist hervorragend, um überschüssige Kräuter aus dem Garten zu verbrauchen. Pflücken Sie die Kräuter, wenn der Morgentau getrocknet ist, aber bevor es zu heiß wird. Wenn die Kräuter feucht sind, kann das Öl schimmeln.

Ergibt: 2 Flaschen à 500 ml

Zubereitung: 15 Min. plus Zeit zum Ziehen

1 große Handvoll gemischte Kräuter, z. B. Rosmarin, Thymian und Majoran, oder nur eine Sorte wie Rosmarin, Estragon oder Thymian

1 l natives Olivenöl

frische Kräuter zum Dekorieren

1 Kräuter in ein großes, sauberes und trockenes Glas mit breiter Öffnung geben und das Öl dazugießen.

2 Fest verschließen und mehrfach umdrehen, damit die Kräuter ihr Aroma voll entfalten.

3 An einem warmen Ort 2 Wochen ziehen lassen, dabei einmal täglich umdrehen.

4 Durch ein feines Sieb abgießen und in trockene Flaschen abfüllen. Eine Kräuterzweige zur Dekoration dazugeben. Mit luftdichten Deckeln verschließen, beschriften und an einem kühlen, dunklen Ort bis zu 6 Monate lagern.

Provenzalische Butter *Obwohl man den Süden Frankreichs eher mit Olivenöl in Verbindung bringt, wird Butter dort in vielen Gerichten verwendet und oft mit Kräutern oder Gewürzen verfeinert.*

ZUBEREITUNG: 5 Min. für jede Buttersorte

Für jede Butter:

100 g ungesalzene Butter, auf Zimmertemperatur angewärmt

2–4 TL Olivenöl

Safranbutter:

1 TL Safranfäden

1 große Prise Meersalz

Basilikum-Knoblauch-Butter:

30 g Basilikumblätter

2 Knoblauchzehen, zerdrückt

1 Spritzer Zitronensaft

Salz und frisch gemahlener schwarzer Pfeffer

Anchovisbutter:

50 g entsteinte schwarze Oliven, gehackt

4 gesalzene Anchovisfilets, abgetropft und gehackt

frisch gemahlener schwarzer Pfeffer

Zum Servieren:

junge Radieschen

Baguette

Meersalz und frisch gemahlener Pfeffer

1 Für die Safranbutter den Safran und das Meersalz mit Mörser und Stößel zermahlen. Mit Butter und Olivenöl gut verrühren.

2 Für die Basilikum-Knoblauch-Butter und die Anchovisbutter jeweils alle Zutaten in der Küchenmaschine glatt pürieren.

3 Jede Butter zu einer Rolle formen und in Klarsichtfolie einwickeln. Bis zum Verzehr kühlen und mit Radieschen, Brot, Salz und Pfeffer servieren.

Provenzalische Butter

Sirup und Likör *Für Sirup werden Früchte in wenig Wasser gekocht, abgesiebt und nach Geschmack gesüßt. Um ihn länger lagerfähig zu machen, werden die Flaschen ähnlich wie bei eingekochtem Obst nochmals erhitzt. Besonders mit Obst aus dem eigenen Garten ist Sirup billig herzustellen. Man verdünnt ihn mit gekühltem Wasser, Limonade oder Tonic Water oder mit kaltem trockenen Weißwein oder Sekt.*

Likör ist ebenfalls einfach herzustellen. Da Alkohol konservierend wirkt, müssen die Früchte und Aromastoffe nicht erhitzt werden. Man gibt sie einfach in saubere, trockene Flaschen mit weitem Hals, süßt nach Geschmack und füllt mit einer passenden Spirituose auf – z. B. Schlehen mit Gin, Aprikosen mit Weinbrand und Erdbeeren mit Wodka. Dann muss man den Likör nur noch lange genug ziehen lassen, ohne zu früh der Versuchung zu erliegen!

Lavendel-Johannisbeer-Sirup

Für ein erfrischendes Partygetränk mischen Sie einen Teil Sirup mit vier Teilen gut gekühltem trockenen Sekt oder Sprudelwasser.

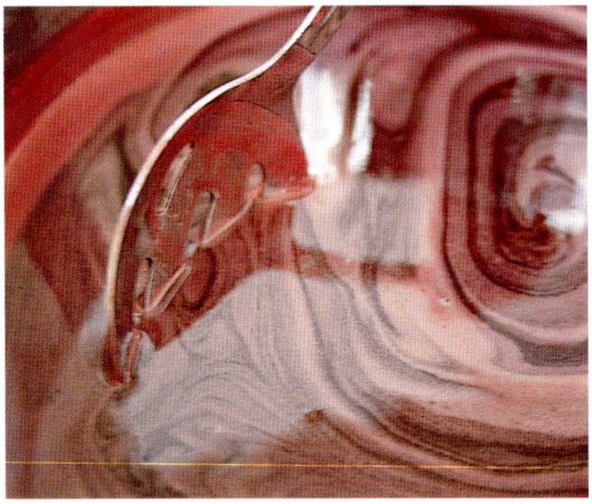

ERGIBT: 3 Flaschen à 250 ml

VORBEREITUNG: 25 Min. plus Zeit zum Ziehen und Abseihen

ZUBEREITUNG: 2–2¼ Std.

1,5 kg rote Johannisbeeren, entstielt

300 ml Wasser

12 große frische oder getrocknete Lavendelblüten

etwa 375 g Zucker

1 Johannisbeeren mit dem Wasser in einen Topf geben und mit dem Kartoffelstampfer zerdrücken. Abdecken und bei geringer Hitze 30 Min. erwärmen. Vom Herd nehmen und die Früchte wieder zerdrücken. Lavendel dazugeben und gut in die Flüssigkeit drücken. Eine Std. ziehen lassen, dann über Nacht in einem Safttuch über einer großen Schüssel abseihen.

2 Am nächsten Tag den Saft in einen Topf abmessen und 375 g Zucker pro 600 ml Saft dazugeben. Bei geringer Hitze etwa 10 Min. rühren, bis der Zucker vollständig aufgelöst ist.

3 Schaum von der Oberfläche abschöpfen. Den Sirup in Flaschen füllen, dabei etwa 2,5 cm des Halses ungefüllt lassen. Mit Schraubverschlüssen locker verschließen. Flaschen auf ein Drahtgitter in einen tiefen Topf stellen. Zeitungspapier dazwischen klemmen, damit sie nicht umfallen. Kaltes Wasser bis zum Flaschenhals einfüllen.

4 Ein Zuckerthermometer in den Topf hängen und langsam über 1 Std. auf 77 °C erhitzen und diese Temperatur je nach Flaschengröße für 20–30 Min. halten.

5 Flaschen vorsichtig mit einer Zange herausheben und auf ein Holzbrett stellen. Verschlüsse festziehen und abkühlen lassen. Beschriften und an einem kühlen, dunklen Ort 3–6 Monate lagern.

Lavendel-Johannisbeer-Sirup

Holunderblütensirup *Dieser Sirup ist erfrischend säuerlich, aromatisch und sehr billig herzustellen. Pflücken Sie die Holunderblüten am Feldrand, wenn sie gerade aufgeblüht sind.*

Ergibt: 3 Flaschen à 500 ml und 1 Flasche à 250 ml

Vorbereitung: 20 Min. plus Zeit zum Ziehen und Abseihen

Kochzeit: 10 Min.

12 Holunderblütendolden, ausgeschüttelt und auf Insekten überprüft

abgeriebene Schale von 2 unbehandelten Zitronen

abgeriebene Schale von 1 unbehandelten Orange

1,5 l frisch aufgekochtes Wasser

875 g Zucker

Saft von 5 Zitronen oder 200 ml Zitronensaft

25 g Weinsäure

1 Eine große Schüssel mit kochendem Wasser ausspülen, dann Blüten und Zitrusschalen hineingeben. Mit aufgekochtem Wasser übergießen und die Blüten gut unter Wasser drücken. Wenn nötig mit zerknülltem Backpapier oder einem Teller beschweren. Abdecken und über Nacht stehen lassen.

2 Am nächsten Tag alles in ein feines Sieb oder Safttuch geben und 30 Min. abtropfen lassen.

3 Flüssigkeit in einen großen Topf geben und mit Zucker und Zitronensaft vermischen. Bei geringer Hitze 10 Min. unter ständigem Rühren erwärmen, bis der Zucker ganz aufgelöst ist. Weinsäure einrühren (sie wirkt konservierend, wodurch man den Sirup nicht in heißem Wasser sterilisieren muss).

4 Schaum mit einem Schaumlöffel entfernen und Sirup in trockene Flaschen füllen. Luftdicht verschließen, beschriften und abkühlen lassen. An einem kühlen, dunklen Ort 2–3 Monate haltbar.

5 Zum Servieren 1 Teil Sirup mit 4 Teilen kaltem stillen oder sprudelnden Wasser mischen.

Holunderblütensirup

Beerensirup

Bei selbst gemachtem Sirup hat man die vollständige Kontrolle über seine Inhaltstoffe. Ohne künstliche Farbstoffe oder Süßungsmittel ist dieser Sirup so natürlich, wie er nur sein kann.

ERGIBT: 2 Flaschen à 500 ml
VORBEREITUNG: 20 Min. plus Zeit zum Abseihen
ZUBEREITUNG: 2½–2¾ Std.

750 g Brombeeren
750 g Himbeeren
150 ml Wasser
etwa 550 g Zucker

1 Früchte in eine große Schüssel geben und mit dem Kartoffelstampfer zerdrücken. Das Wasser einrühren.

2 Schüssel über einem Topf platzieren, der zu einem Viertel mit kochendem Wasser gefüllt ist und bei geringer Hitze 1 Std. kochen lassen.

3 Wieder zerdrücken, in ein Safttuch geben und über einer Schüssel mindestens 4 Std. oder über Nacht abtropfen lassen.

4 Den kalten Saft abmessen und mit 375 g Zucker pro 600 ml Flüssigkeit in einen Topf geben. Bei geringer Hitze unter ständigem Rühren 10 Min. erhitzen, bis der Zucker vollständig aufgelöst ist.

5 Mit einem Schaumlöffel eventuell entstehenden Schaum entfernen. In warme, trockene Flaschen füllen, dabei 2,5 cm des Flaschenhalses ungefüllt lassen. Mit Schraubverschlüssen locker verschließen.

6 Flaschen auf ein Drahtgitter in einen tiefen Topf stellen. Zeitungspapier dazwischen klemmen, damit sie nicht umfallen. Kaltes Wasser bis zum Flaschenhals einfüllen.

7 Ein Zuckerthermometer in den Topf hängen und langsam über 1 Std. auf 77 °C erhitzen und diese Temperatur je nach Flaschengröße für 20–30 Min. halten.

8 Flaschen vorsichtig mit einer Zange herausheben und auf ein Holzbrett stellen. Verschlüsse mit einem Küchenhandtuch festziehen und abkühlen lassen. Beschriften und an einem kühlen, dunklen Ort bis zu 6 Monate lagern.

9 Zum Servieren 1 Teil Sirup mit 4 Teilen Wasser vermischen.

Apfel-Aprikosen-Sirup

Zart aromatisiert mit einem Hauch von Aprikose ist dieser Sirup ideal, um Falläpfel zu verbrauchen. Wiegen Sie die Äpfel erst, nachdem Sie beschädigte Stellen herausgeschnitten haben.

Ergibt: 5 Flaschen à 250 ml

Vorbereitung: 30 Min. plus Zeit zum Abseihen

Zubereitung: $2^1/_2$–$2^3/_4$ Std.

2 kg ganze, ungeschälte Kochäpfel, grob gehackt

600 ml Wasser

750 g frische Aprikosen, geviertelt und entsteint

etwa 750 g Zucker

1 Äpfel nach dem Schneiden sofort in eine Schüssel gesäuertes Wasser legen (s. S. 12), damit sie nicht braun werden.

2 Abtropfen lassen, mit den 600 ml Wasser in einen großen Topf geben, abdecken und aufkochen. Die Hitze reduzieren und 30 Min. köcheln lassen, bis sie weich sind.

3 Die Aprikosen hinzufügen und in weiteren 30 Min. weich kochen.

4 Leicht abkühlen lassen, dann in ein Safttuch geben und mindestens 4 Std. oder über Nacht über einer großen Schüssel abtropfen lassen.

5 Die kalte Flüssigkeit in einen großen Topf abmessen und 375 g Zucker pro 600 ml Saft dazugeben. Bei geringer Hitze unter ständigem Rühren 10 Min. erhitzen, bis der Zucker vollständig aufgelöst ist. Mit einem Schaumlöffel eventuell entstehenden Schaum entfernen. In warme, trockene Flaschen füllen, dabei 2,5 cm des Flaschenhalses ungefüllt lassen. Mit Schraubverschlüssen locker verschließen.

6 Flaschen auf ein Drahtgitter in einen tiefen Topf stellen. Zeitungspapier dazwischen klemmen, damit sie nicht umfallen. Kaltes Wasser bis zum Flaschenhals einfüllen.

7 Ein Zuckerthermometer in den Topf hängen und langsam über 1 Std. auf 77 °C erhitzen und diese Temperatur je nach Flaschengröße für 20–30 Min. halten.

8 Flaschen vorsichtig mit einer Zange herausheben und auf ein Holzbrett stellen. Verschlüsse mit einem Küchenhandtuch festziehen und über Nacht abkühlen lassen. Beschriften und an einem kühlen, dunklen Ort bis zu 6 Monate lagern.

9 Zum Servieren 1 Teil Sirup mit 4 Teilen Wasser vermischen.

Schlehengin *Schlehen gibt es nur für kurze Zeit im Herbst. Sie wachsen an Schlehdornbüschen an Weg- und Waldrändern. Ihre Blätter und Früchte sehen denen von Olivenbäumen erstaunlich ähnlich.*

Ergibt: 750 ml

Zubereitung: 15 Min. plus Zeit zum Ziehen

250 g Schlehen, entstielt und weiche Früchte aussortiert

125 g Zucker

3 Nelken

abgeschälte Schale von 1 unbehandelten Orange

1 Zimtstange, halbiert

70 cl Gin

1 Jede Schlehe mit einer Gabel einstechen und in eine saubere, trockene 1-Liter-Flasche mit breitem Hals und Schraubverschluss geben.

2 Mithilfe eines Trichters oder einem gerollten Stück Papier den Zucker in die Flasche füllen. Nelken in die Orangenschale stecken und mit der halbierten Zimtstange in die Flasche geben.

3 Gin dazugeben, luftdicht verschließen und zwei- oder dreimal umdrehen.

4 An einem kühlen Ort 7 Tage stehen lassen, dabei jeden Tag einmal umdrehen, bis der Zucker sich ganz aufgelöst hat.

5 Beschriften und an einem kühlen, dunklen Ort 6 Monate oder länger reifen lassen – je länger der Gin zieht, desto milder und köstlicher wird er. Zum Servieren in eine saubere Flasche abseihen. In kleinen Likörgläsern servieren.

Variation

Zwetschgengin oder -wodka wird auf dieselbe Weise, nur ohne Gewürze, hergestellt. Im Gegensatz zu Schlehen schmecken die im Alkohol gezogenen Zwetschgen lecker auf Vanilleeis.

Tipp

• Benutzen Sie für dieses Rezept ruhig den billigsten Gin. Schlehen, Zucker und Gewürze verfeinern seinen Geschmack.

Aprikosen-Ratafia

Dieser französisch inspirierte Likör auf Weinbrandbasis wird aus frischen Aprikosen und gerösteten blanchierten Mandeln hergestellt. Man kann ihn Mandelkuchen oder -törtchen hinzufügen und ein Glas des Likörs dazu servieren.

ERGIBT: 700 ml

ZUBEREITUNG: 10 Min. plus Zeit zum Ziehen

50 g blanchierte Mandelstifte

500 g Aprikosen, geviertelt und entsteint

125 g Zucker

600 ml Weinbrand

1 Mandeln auf ein Stück Alufolie geben und unter dem Grill leicht anrösten.

2 Aprikosen, heiße Mandeln und Zucker abwechselnd in warme, trockene 1,2-Liter-Gläser mit breiter Öffnung füllen.

3 Weinbrand darüber gießen, umrühren und zuschrauben. Über Nacht an einem kühlen, dunklen Ort ziehen lassen.

4 Vorsichtig ein- oder zweimal umdrehen und den Vorgang an den nächsten 4 Tagen wiederholen, bis der Zucker sich aufgelöst hat.

5 Beschriften und an einem kühlen, dunklen Ort mindestens 3 Monate reifen lassen. In eine schöne Flasche abseihen und in kleinen Likörgläsern servieren. Die Aprikosen und Mandeln können separat mit Sahne, Crème fraîche oder Eiscreme serviert werden.

Variation

Für Kirsch-Ratafia einfach die Aprikosen durch Kirschen ersetzen.

Register

Impressum

Fotografie: © **Octopus Publishing Group Ltd** / Stephen Conroy

Rezepte: Sara Lewis
Redaktion: Sarah Ford
Lektorat: Alice Bowden
Gestaltung: Leigh Jones
Herstellung: Martin Croshaw